四川省哲学社会科学重点研究基地、四川省高校人文社会科学重点研究基地——中国盐文化研究中心项目"自贡盐业融资制度研究"（YWHZB21-02）

西南财经大学中央高校基本科研业务费专项资金资助（Supported by the Fundamental Research Funds for the Central Universities）项目"钱与盐——清代自贡盐井凿办的金融模式研究"（JBK2104019）

况昕 著

清代自贡盐井凿办的金融模式研究

INSTITUTE OF CHINESE FINANCIAL STUDIES,SWUFE
西南财经大学·中国金融研究院

四川省哲学社会科学重点研究基地
四川省高等学校人文社会科学重点研究基地
四川轻化工大学

中国盐文化研究丛书

西南财经大学出版社

中国·成都

图书在版编目(CIP)数据

清代自贡盐井凿办的金融模式研究/况昕著.—成都:西南财经大学出版社,2022.12

ISBN 978-7-5504-5655-6

Ⅰ.①清…　Ⅱ.①况…　Ⅲ.①制盐工业—金融模式—研究—自贡　Ⅳ.①F426.82

中国版本图书馆 CIP 数据核字(2022)第 224734 号

清代自贡盐井凿办的金融模式研究

QINGDAI ZIGONG YANJING ZAOBAN DE JINRONG MOSHI YANJIU

况昕　著

策划编辑:金欣蕾
责任编辑:金欣蕾
责任校对:王青杰
封面设计:墨创文化
责任印制:朱曼丽

出版发行	西南财经大学出版社(四川省成都市光华村街 55 号)
网　址	http://cbs.swufe.edu.cn
电子邮件	bookcj@swufe.edu.cn
邮政编码	610074
电　话	028-87353785
照　排	四川胜翔数码印务设计有限公司
印　刷	四川五洲彩印有限责任公司
成品尺寸	170mm×240mm
印　张	11.25
字　数	222 千字
版　次	2022 年 12 月第 1 版
印　次	2022 年 12 月第 1 次印刷
书　号	ISBN 978-7-5504-5655-6
定　价	69.00 元

"中国盐文化研究丛书" 缘起

　　盐，历来被称为"百味之祖""食肴之将""国之大宝"，它不仅是维持人体及其他许多生命体内部机能正常运行不可缺少的重要元素，也是人类的先祖们得以生存和生活，进而创造出光辉灿烂的早期文明的源泉。盐资源的开发利用与人类社会文明的发展同步。人类早期的集居和城市的形成都与盐有着密切的关系，都与盐的感召力密不可分，比如长江流域及北方早期文化遗存都聚集在天然盐池、盐泉的周围，尧、舜、禹围绕解池而建都为其典型之例，而南方"天府之国"的由来也与蜀中盐铁之利的开发和利用息息相关。同时，人类早期的战争也缘起于对盐这一特殊资源的争夺和控制，炎帝与黄帝正是为争夺山西池盐而演绎了"中华第一战"。进入阶级社会后，盐税成为国家财政收入的三大支柱之一，出现了"天下之赋，盐利居半"的局面。在传统的封建社会里，盐业、盐利成为直接影响社会稳定与政权安危的重要因素，故强盛的大唐帝国在盐利的枯竭中走向衰微。进入现代社会后，盐仍然居于五大基本工业原料（盐、铁、石油、石灰石、硫黄）之列，其产量、消费量和使用方式是反映一个国家工业发展水平的标志之一。盐产品已达 14 000 多种，是人们赖以生存和发展的不可替代的宝贵资源。即便在 21 世纪的今天，盐对于人类生存和健康以及经济社会发展的作用并没有因为科技高度发达和信息畅通无阻而变得无足轻重，反而更加不可或缺，因为其在人类历史上对政治、经济、科技、军事、法律、教育、卫生、饮食、旅游、宗教、文学艺术、民风民俗、城市发展、生态环境等诸多领域的深刻影响和巨大作用，其所拥有的丰厚而独特的文化特征和内涵，正在日渐被人们认识、了解和挖掘。

　　正是中国盐文化所蕴含的特殊价值令历代学者倾注了无限精力去探究其历史价值、科学价值和人文精神。近半个世纪以来，国内外学者对盐资源的开发利用进行了不懈的探索，把中国盐业历史，尤其是盐业经济史和盐业科技史的研究推向了一个新的高峰，取得了丰硕的成果，使得中国盐业史研究的学术地位明显提升，影响力也大为增强。但总体来看，中外学者主要是把盐当作社会经济部门或行业部门加以研究的，较少从文化视角对盐资源的开发利用进行全方位的探讨，忽略了盐这一特殊资源在推动人类文明发展的漫长历史过程中所孕育、派生出来的独树一帜、风情万种的"盐文化"现象，从而使丰富多彩的盐文化内涵至今没有得到足够的重视和深入的研究。换言之，中国盐文化这座可以供人文社会科学与自然科学多学科共同研究的富矿还有待不断挖掘和开发，盐文化学科体系在中国还未建立。这不仅决定了对盐资源的开发利用进行广义文化学研究的必要性和重要性，更显现出这一研究具有很强的学术性、创新性和重大的现实意义。与此同时，在该领域的学术研究中暴露出研究信息不畅、与企业界沟通不够、对外交流乏力和后继力量不足等问题。

四川省的井盐文化研究开始较早，有专门的研究机构和一支水平较高的研究队伍，创办了国内外公开发行的专业刊物。20 世纪 80 年代以来，四川省的井盐文化研究机构不仅成功地举办了首届"中国盐业史国际学术研讨会"，在盐业经济史、盐业科技史等研究领域还出版了如《川盐史论》《滇盐史论》《中国井盐科技史》《四川井盐史论丛》《中国古代井盐工具研究》《中国盐业历史》《中国盐业经济》《中国盐业史论丛》《中国自贡盐》等富于创新的成果，受到学界的关注和好评。鉴于四川历史文化内涵的特殊价值和文献资源的优势，地方高校也成立了"地方历史文化研究室""中国盐文化研究所"等机构专门从事四川近现代史、城市史和盐文化研究。2005 年，四川理工学院（现用名为四川轻化工大学）在整合内部资源的基础上，在省内外盐史专家的大力支持下，联合自贡市盐业历史博物馆、四川久大盐业（集团）公司共同组建了"中国盐文化研究中心"（以下简称"中心"），从广义文化学的角度开展了围绕盐资源的开发利用的诸种文化形态的研究。同年 9 月，"中心"被认定为四川省教育厅人文社会科学重点研究基地。2007 年 10 月，"中心"被认定为四川省哲学社会科学重点研究基地。在省教育厅的关怀支持下，在四川轻化工大学领导和共建单位的协同努力下，"中心"充分利用各种有利条件，抓住机遇，强化研究队伍，逐步形成规范化、制度化的管理，坚持走产、学、研一体化道路，在整合省内外高校及有关科研机构的盐文化研究力量、促进盐业企业和地方文化建设等方面取得了突出的成绩，尤其在盐文化、盐业契约、盐业座产关系、盐业旅游等研究领域取得了可喜的成果："中心"发布了 2 次课题指南，立项 28 个项目，研究总经费近 60 万元；"中心"专兼职研究人员承担并完成了省部级科研项目 8 项，其他纵向、横向项目 24 项，研究经费达51 万元；"中心"开发了"中国盐文化特色数据库"；"中心"专兼职研究人员出版了《中国盐业契约论》、《从远古走向现代》、《盐文化研究论丛》（第一辑、第二辑、第三辑）、《西秦会馆》、《遍地盐井的都市》、《生命的盐》、

《中国盐业人物》、《自贡休闲旅游》等9部专（编）著；"中心"在《四川轻化工大学学报》（社会科学版）开辟并主持"中国盐文化研究专栏"；"中心"还与省内外多所高校及科研机构、研究中心、盐业机构等建立起资源共享、信息畅通的合作平台。"中心"作为省级重点科研平台，有力地支持了四川轻化工大学的历史学、法学、文学、经济学、社会学、旅游学、民俗学等学科的建设。目前，"中心"按照发展规划，制订了从政治、经济、科技、军事、文化、艺术、民俗、旅游、宗教等方面进行跨学科综合研究的计划，朝着"省内一流、国内知名"的哲学社会科学重点研究基地的目标前进。

"中国盐文化研究丛书"旨在推动对中国盐文化进行深入、系统、全面的综合性研究，推进学术观点创新、学科体系创新和科研方法创新，展示本领域基础研究与应用研究的最新成果，推动中国盐文化研究的深入发展，为行业改革、产业结构和产品结构的调整以及地方经济社会的繁荣发展竭尽绵薄之力。因此，"中国盐文化研究丛书"拟陆续出版"中心"审批立项资助的研究项目的最终成果和"中心"专兼职研究人员的相关成果。我们真诚地希望得到"中心"专兼职人员、学界同仁，以及社会各界的大力支持和帮助，以使这项工作开展得更好，共同推进中国盐文化研究的发展和繁荣。

"中国盐文化研究丛书"编委会

站在中国金融文化自信的潮头

　　文化自信对一个民族和国家至关重要，它是构建一国特色发展模式的核心动力。金融一词是舶来品，但我国的金融思想与金融实践古已有之。我国高校现在所运用和教授的金融学的理论和知识的内容框架的相当一部分来自国外，有的高校甚至直接引用国外原版教材、讲义和论文。但在具体金融发展路径和实现方式上，中国与国外大不相同。因此，当我们运用经典的金融学理论解释经济现象与事实时，不能唯西方之事实与现象"食洋不化"，而必须密切结合中国的实际。在千年的历史长河中，先辈们给我们留下了许多经典的、中国式金融实践与金融机制设计，例如山西票号、四川交子等，都深度体现了金融学运行和发展的一般规律，符合经济决定金融、金融反作用于经济的原理，适应了经济发展的需要。现在我们要做的事情就是通过回顾历史，提炼中国金融元素，生动还原中国金融业态运行和发展的一般规律，为世界金融发展的画卷增添中国篇章。

　　自贡盐井凿办金融模式的选题是况昕博士在拜访了我国著名金融史专家孔祥毅教授后决定的。这个选题非常具有史学价值和社会价值。早期关于自贡盐井的研究更多从史学的角度切入，缺少从金融学角度深入的系统研究。自贡盐井开凿实践中所采用的金融模式在近代中国乃至世界上都有先见之明。自贡井盐不同于海盐、池盐等，属于地下深层盐，需要前期大量的资金投入，盐井开凿周期长，需要数年至数十年不等，即使凿井成功，也会出现卤水浓淡不一，甚至资源迅速枯竭的不确定，风险较高。在这种情况下，股权是最好的融资模式。令人惊叹的是，当时尚处于农耕经济的自贡，盐井开凿就采用了这种金融模式，且在缔结契约时巧妙地避开了货币单位，把最终所需但不可预见的资本一律以三十日份或二十四锅口划分为均等股份，无论井产多少，规模大小，其股份设置均以三十日份或者二十四锅口组合，形成一个固定模式。为了解决在盐井开凿过程中出现的财力不济，自贡盐业还创新性地采用"作节"的形式，实现了增发和再融资，也实现了风险共担。自贡盐井开凿所采用的极具中国特色的股权融资模式，打破了西方世界、学界针对传统中国金融缺位的说辞，有力地展示了中国金融元素的先知先觉。

总之，中国并不缺少金融实践与金融创新，而是缺少一些善于发现的眼睛。况昕博士这本专著的出版，既是一个专业性的研究，也为广大中国金融研究者坚定文化自信，做出一个示范。我作为师者，在向学生传递经典和前沿金融理论和实践的同时，也要求学生树立文化自信，培育德智体美劳、懂中国、知实际的金融人才。以研究的角度考察，我倡导要通过专业性的研究，讲好中国金融故事，形成中国的理论，向世界传递中国金融声音！

曾康霖

2022 年 11 月于光华园

序　言

　　研究金融史，学习和借鉴历史经验，将有助于我们深入理解金融在生产力与生产关系中的作用，理解金融对社会经济发展的巨大推动作用和影响力。明、清以来的闭关锁国政策，让我国与同时期发达国家的经济渐行渐远，1840 年鸦片战争爆发，国门被武力打开。国人痛定思痛，逐步将眼光投向国外，向西方发达国家学习。这种变化在经济方面表现为：一方面，西方的经济理论、管理制度、管理方法等被逐渐引入中国，其中包括金融理论、金融制度、金融工具等；另一方面，很多传统的理念和做法被逐渐抛弃，甚至于传统文化中一些有益的部分也被搁置、否定。新中国成立以来，经过 70 多年的发展，特别是经过 40 多年的改革开放，取得了举世瞩目的伟大成就，中国已跃居世界第二大经济体，综合国力显著增强。2017 年党的十九大报告明确提出，坚定文化自信，推动社会主义文化繁荣兴盛。文化自信的精神层面和经济发展的现实需求都要求我们全面正确认识历史，重新审视历史中的事件和经济活动，以有利于形成中华民族新时代文化自信，并为当前社会经济发展提供指导和参考与借鉴。正是基于这样的背景与初衷，本书专注研究清代（1636—1911 年）西南地区自贡盐业经济中的金融问题，重点研究在农耕经济中自贡盐井凿办这种资本密集型行业中蕴含的金融因素、金融关系，以及这些金融因素、金融关系是如何构建具有自贡盐业特色的金融模式并推动自贡盐业经济发展的。本书以自贡盐业开凿盐井契约为样本，分析提炼了由地主、客人、承首人、作节、押头银构建的以股权融资为典型特征的金融模式，深度剖析了该金融模式中各金融要素所扮演的金融角色及其作用与相互关系。本书将自贡盐井凿办的金融模式定义为：在自贡盐业盐井凿办中，由金融参与主体——地主、客人、承首人，运用作节、押头银两大金融工具，构建的以筹集盐井凿办资金为目的、以股权融资为手段的金融模式。在该金融模式中，地主、客人、承首人是金融主体，地主以土地入股实现了土地资本化，客人以货币资金入股推动了盐井凿办见功，承首人是金融中介；筹集盐井凿办资金是目的；作节是股权融资（增资扩股）的重要金融工具，实现了资金接力和风险控制，是实现融资目的的手段；押头银是一种金融工具，是地主与客人利益的平衡器。自贡盐业这种特殊的金融模式，成功解决了开凿盐井对资金的需求，推动了自贡盐业经济的发展，有力地驳斥了那些认为在农耕经济中没有现代金融元素、现代金融思维，金融一直缺位的观点，证明了在我国农耕经济中金融并未缺位。在此基础上，本书提出了自贡盐业金融模式对当前社会经济发展、金融发展的启示。

翻阅自贡盐业契约，我们仿佛又回到了那个曾经辉煌热闹的盐井开凿年代。地主稳居家中，客人居于商会，承首人穿梭于地主和客人之间，为地主和客人的合作穿针引线，又或协调监督盐井凿办过程的各方关系，并通过作节制度协调各方资金以使凿井工程不中断。地主通过承首人实现其土地入股分红意图，客人通过承首人实现其资本入股分红意图。不同主体，不同地位，为了追逐共同的利益，通过无形的金融市场共同构建了自贡盐业盐井凿办的金融模式。正是这一颇具地方特色的金融模式极大地推动了自贡盐业经济的发展，成就了自贡盐业经济的辉煌。笔者相信，本书的研究将有助于人们从金融角度更加深入地了解自贡盐业的经济发展，了解自贡盐业经济中蕴含的金融因素、金融模式以及金融对自贡盐业经济发展的巨大推动作用，同时也有助于人们透过自贡盐业盐井凿办的金融模式看到先辈们光辉灿烂的金融智慧，从而增加中华民族的金融自信、文化自信。

况昕

2022 年 9 月

目　录

1 导论

1.1 研究背景和意义

中华文明是农耕经济孕育出的灿烂文明。从全球社会制度的发展历程看，我国经历了漫长的封建社会，主要以农耕经济为主。发达国家的工业革命开启了人类历程的新篇章，而清朝的闭关锁国政策则让我国近代工业与西方近代工业渐行渐远，经济发展受到制约，直至 1840 年鸦片战争爆发，国门被武力打开，人们的思维才发生了转变。这样的历史背景，导致在研究东西方文明时，总有部分人士喜欢全盘否定中国的农耕经济，认为只有西方的才是好的，这种武断的论点直到现在也屡见不鲜。2017 年党的十九大报告中明确提出我们要建立文化自信。所谓的文化自信就是要从国民的角度树立正确的历史观和价值观，要对中国历史给予客观公正的评价，要肯定传统组织中好的东西，要肯定中华文明和技术对世界发展的贡献，并通过中西方文化、技术融合，形成更加自信的文化体系。而要形成这种自信的文化体系，必然需要全面认识我国历史，重新审视历史中的事件和组织活动。基于这样的视角，本书主要研究清代（1636—1912 年）发生在我国西南自贡地区食盐采集业中的金融问题，重点关注这种资本密集型行业在农耕经济中是如何利用金融组织开展生产活动，如何构建具有现代意义的金融模式并推动自贡盐业的发展，以及这种模式对当代社会发展有何启示。本书将以自贡盐业盐井凿办的百年兴衰为镜，窥见我国历史长河中的金融文化自信，从而有力地驳斥那些否定中国历史上没有现代金融元素、金融思维的错误观点。

自贡是富顺县盐场（自流井）和荣县盐场（贡井）所在地。自贡地区在远古曾是广阔的内陆海的边缘，地壳运动在这里形成了大量的卤水和盐岩物质。同处于封建王朝统治下，自贡盐业与根植于世袭特权和政治关系的沿海盐业呈现出了显著的区别：首先，自贡地处我国西部偏远、多山地区，地理位置在一定程度上限制了其与内陆地区经济的联系。自贡盐业远离政治中心，是一个相对封闭的经济体系，清政府对盐井开凿的管理比较宽松。其次，自贡盐业的生产方式不同于沿海的海盐产区，自贡的盐属于井盐，开采难度高，投资风险巨大，组织机构复杂。清政府极少干预自贡盐业凿办市场，也从不给与扶持，自贡盐业从始至终都是在自筹自办的情况下，通过市场方式融资，为盐井开采提供巨额资金支持。因此，自贡盐井的开凿模式是一种完全不同于传统小农自给自足的经济模式。由于盐井开凿是土地和资本的结合，因此土地位置的不同会导致凿井凿出卤水概率的不同，从而又影响土地所有者地主对盐井股份的占有。盐井开凿周期很长，一般情况下需要3~5年，开凿期间又需要投入大量的钱财，单靠地主或个别投资人根本无法完成。面对现实的困境和巨大利益的驱动，自贡盐业催生了一种新的有别于传统农耕经济的融资模式——股份制。对于绝大多数企业而言，若固定资产支持较低，企业家可以依靠个人和合伙人集资，并通过利润留存谋求产业发展。商人借款也在提供短期和长期信贷方面发挥作用。这两种模式都存在于自贡盐业。一方面，盐业的巨大利润吸引了以陕西商人为代表的全国各地大户商人的投资；另一方面，乡绅、亲属等关系网络和专业的中介人也促成了各种凿井资金的联合。在这两种情况下，各方以契约为约束，地主以土地出让占有股份，投资人以所出资金占有股份，井、灶等固定资产也被允许入股。此外，在开凿盐井的过程中，若投资人资金不足，可让渡部分股权给新的投资人。凡此种种现象，使得我们相信自贡盐业的融资模式与现代金融存在诸多共同之处。总之，自贡盐业所反映出来的金融模式和近代金融很相似，它实现了资金融通，优化了资源配置，提高了社会经济总产出。这种金融模式可视作一种现代金融萌芽，然而它最终没能蜕变成现代意义上的金融体系，其中的原因同样值得我们去深思。综上所述，在文化自信的主旋律下，探寻我国农耕社会中的现代金融思想，有助于我们更加了解过去，更好地总结经验，更好地肯定历史，并对我国当代金融问题提出新的建议。

自贡盐业是农耕经济中土地和资本的结合，也随着历史的发展形成了工业企业的雏形。在自贡，围绕盐业，一条调配金融资源、组织企业生产和物流运输的产业链运转百年，主导着我国川南经济的发展。当然，自贡盐业在清初的发展也得益于清政府的宽松管理。自贡盐业在清朝时期和中华民国时期的百年繁荣，跨越了从早期的清朝入关统一，到太平天国运动，再到军阀混战几个重要历史阶段。它兴于清初，繁盛于太平天国运动时期。虽然盐是我国历朝统治者重要的税收工具，但清初统治者忙于统一大业，较少关注边缘地区自贡盐业的生产问题，政策相对宽松，没有限制资本和工人的流动，也没有限制商业企业往来，这样的机遇在封建统治下实属可遇而不可求。自贡盐业成功地把土地与资本结合，成功地从手工作坊向工业企业转型，用事实证明了长久以来人们认为我国封建社会现代金融缺位的理念是错误的，自贡盐业对于我国金融史的重要意义也由此可见。综上所述，本书的研究有助于我们更好地再现和理解中国农耕经济中的内生金融模式，以及在中国历史长河中重新解读中国金融史。诚然，自贡盐业的发展离不开大自然的恩赐，充足的盐矿和地下卤水储备是自贡盐业发展的必要条件和基础。但是，自贡盐业经济所反映出来的当时人们筹措资金的能力和模式是充满智慧、独具特色的，放在其他任何行业都足以令人称道。

1.2 主要内容和结构安排

本书主要研究了自贡盐业中盐井凿办的金融模式问题，以留存至今的契约档案为基础与核心，挖掘其中的金融因素及其相互作用关系，提炼和再现了由地主、客人、承首人、作节和押头银共同组成的自贡盐井开凿的独特金融模式，揭示和肯定了该金融模式对自贡盐业发展的巨大推动作用。围绕主题，本书采用总分结构，各章内容安排如下：

第1章，导论。本章的主要内容包括研究背景和意义、本书的主要内容和结构安排、国内外文献综述、史料来源、主要采用的研究方法、贡献和不足。

第2章，自贡盐业经济历史概述。首先，本章回顾了自贡盐业经济的发展历程，指出并说明了自贡盐业在我国历史中的重要地位。其次，本章从科技的发展、盐业的政策、土地的价值和资本的力量四个方面对影响自贡盐业经济发展的主要因素进行了详细分析，认为自贡盐业发展与这四大因素密不可分。最后，本章对清代自贡存在的三大金融机构，即钱庄、票号和官运局进行了分析，指出由于当时金融中介机构发展非常缓慢，并没有办法支撑盐井开凿的资金需求这一历史事实。

第3章，自贡盐业盐井凿办契约的金融解读。盐业与中国社会经济发展密切相关，自贡盐业盐井凿办契约为研究我国农耕经济中的金融问题提供了宝贵的第一手资料。首先，本章对自贡盐井凿办契约中的如地主、客人、承首人、日份与锅口等专有名词进行了经济金融学释义；其次，本章对盐井契约的类型进行了梳理，重点从资本重要性的角度提出年限井和子孙井的划分及其演化；再次，本章对自贡盐业盐井上下节契约中的作节、上节、下节等专有名词进行了经济金融学解释；最后，本章深入研究了自贡盐井凿办的融资安排，从初期的租佃逐步过渡到后期的股份制，体现了土地的重要性在下降，资本的重要性在上升。

第4章，自贡盐业盐井凿办的金融模式。由对盐井凿办契约的解读可知，自贡盐业早已形成了一种独具特色的金融模式。这种金融模式可定义为：在自贡盐业盐井凿办中，由金融参与主体——地主、客人、承首人，运用作节、押头银两大金融工具，构建的以筹集盐井凿办资金为目的、以股权融资为手段的金融模式。在该金融模式中，地主、客人、承首人是金融主体，地主以土地入股实现了土地资本化，客人以货币资金入股推动了盐井凿办见功，承首人是金融中介；筹集盐井凿办资金是目的；作节是股权融资（增资扩股）的重要金融工具，它实现了资金接力和风险控制，是实现融资目的的手段；押头银是一种金融工具，是地主与客人利益的平衡器。

第5章，承首人产生的经济学解释及其演化。承首人在自贡盐业发展中扮演着重要角色，其相关经济金融职能在契约中也有严格的规定。承首人的产生是当时自贡盐业的现实需要，农耕经济中产生的商业信用往往比较脆弱。为了增强地主与客人彼此间的信用，需要承首人提供更多的信用。在封闭经济环境中，信息的传播渠道和范围十分有限，信息不对称问题严重，加之地主和客人之间缺乏血缘、家族等社会群体关系的连接，因此需要有承首人提供有关生产活动的信息。在自贡盐业盐井凿办契约中，委托代理问题已经出现，承首人可以帮助地主和客人降低委托代理成本，提高凿井效率，并通过享有少量股权而激励相容。承首人初期仅在开凿井过程中充当中间人和掮客，后来在盐井凿办过程中也履行统筹和监督职能，这种角色的转变，实际上要求承首人为井盐生产提供更多的综合金融服务。这些综合金融服务与现代金融中介提供的服务相似，但承担的责任更多，故承首人享有的是股份，其努力的边际产出等于它的边际成本。

第6章，金融因素对股权关系影响的实证分析。通过前文分析可知，自贡盐业金融模式是一种由地主、客人、承首人和押头银等金融因素构成的直接融资模式。为了厘清承首人和押头银两大金融因素对金融模式中股权关系的影响，本书以自贡盐业盐井凿办契约、档案为数据来源，量化了相关金融指标，构建了多元线性回归模型，实证检验了承首人和押头银对股权关系的影响。研究结果表明：地主股份占比相对较低且易受到承首人、押头银等金融因素影响，在1%显著性水平上负相关，与年代变量在1%显著性水平上也负相关；客人股份占比较高且相对稳定。结论说明，土地的重要性在逐渐下降，资本的重要性在逐渐上升。

第7章，作节的股权重新分配和风险管理启示。作为一项耗时费资的艰巨工程，在自贡盐井的开凿中有一个独辟蹊径又至关重要的金融制度设计——作节。所谓作节，就是盐井开凿股份在上下节之间的转让，这种转让促使了资本的积累与集中，解决了长期凿井过程中工本股份垫资资本不足的难题，同时也防止了风险过度积累，实现了风险控制和风险转移。无论是在坏状态下还是在好状态下，作节都可以实现地主、承首人和客人多方利益的最大化。作节会严重影响盐井股份的重新分配，下节得到股份份额与盐井开凿的进度和后续投资显著相关，而且还与下节缴纳的顶价有关。基本遵循的原则是：下节出资越多，其所占的股份越多。同时，上节在丢出股份时，主要采用伙议出让方式，伙内成员具有优先购买权。作节与现代股权风险投资方式非常相似，二者都是采用多轮融资方式为项目融资，但关键区别在于：在作节中，上节提留部分股权丢出下节，既保证了上节在盐井凿办见功时的巨大利润，也制约了上节做出不利下节的事，而且使得上下节利益趋同，共同为盐业的生产做了前期准备。

第8章，土地资本化给予我国农地改革的启示。研究经济金融史，不仅是为了正确把握历史，更重要的是总结经验教训以解决当前的现实问题。在自贡盐业盐井凿办契约中，土地从租佃到作为资本入股的转变，体现了土地的资本化。这一资本化的过程包含了土地租赁、土地股份制合作、土地使用权转让以及抵押等多种形式，体现了土地的资本价值。现阶段，我国农村土地改革正进入关键时期，本书建议从明确产权、扩大土地入股范围以及成立专门的土地资本服务等中介机构入手，深化土地改革、提高农村土地使用效率、实现农村土地从个体耕种向集约化耕种转变。

第9章，结论。通过研究论述，本书一共得出了五大结论，在此章再次总结强调。

总体而言，本书的研究有三个层次，结构安排如图 1-1 所示。

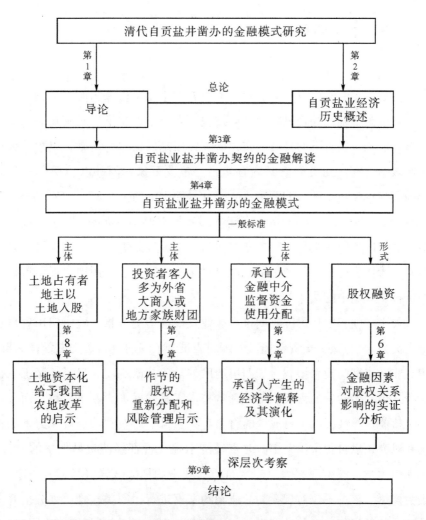

图 1-1　本书的结构安排

1.3　国内外文献综述

目前，关于清代自贡盐业契约的研究，主要可以分为两大类别：一是以历史学为基础，综合民族学、科技史、人类学、文学、旅游发展、文化传播等多学科视野下的自贡盐文化研究；二是以法学为基础，以契约为核心所做的研究。前者的研究内容丰富，包罗万象，国外以马德琳·泽林（Madeleine Zelin）的《自贡商人：近代早期中国的企业家》（*The Merchants of Zigong：Industrial Entrepreneurship in Early Mordern China*）① 一书最为典型，国内以中国盐文化中心主办的期刊《中国盐文化论丛》中收录的各学科文章为代表；后者则多是采用古今对比的研究方法，用现代视角审视并解析自贡盐业中的法律关键。

关于清朝和中华民国时期自贡盐业发展的历史背景，政协四川省自贡市委员会、《自贡文史资料选辑》编辑委员会汇编的《自贡文史资料选辑》中有非常丰富的史料记载，如四川地区的盐务盐政制度、自贡地区王三畏堂等几个知名盐井的兴衰、凿井制盐技术工具的发展更新等，是全面了解自贡盐业整体情况的不可或缺的材料。关于自贡盐业契约历史视野下的梳理和研究，以自贡市档案馆、北京经济学院（首都经济贸易大学的前身）和四川大学共同整理和编辑的《自贡盐业契约档案选辑（1732—1949）》最为详尽，该书不仅对现存的盐业契约文书进行了归类整理，划分出开凿井约、井灶租佃约、井灶买卖约三大主要类型，还对不同种类契约的特点进行了对比分析，为之后的研究奠定了坚实的基础。

专门从金融学角度切入讨论自贡盐业契约档案的著作相对较少，但部分围绕"契约"这一核心概念的研究会涉及经济金融领域。早期文献研究

---

① ZELIN M. The Merchants of Zigong：Industrial Entrepreneurship in Early Modern China. ［M］. New York：Columbia University Press，2005.

的重点是股权属性。彭久松①对自贡盐业契约股份制进行了研究，分别从合资模式、股东类别、股东人数、地脉股的性质、集资机制、股份特点、债务有限责任、使用权与经营权分离、设立和中止程序等方面对盐业契约进行了深度分析和学术定位。他还著有《中国契约股份制》②一书，该书分上下两篇：上篇对自贡盐业的股份制经营模式进行了全面分析，对比现代公司股份制中的合伙企业、有限公司、股份有限公司等基本形式，强调了自贡的地域特色，同时也对其股份的性质、股权的流转等做了全面细致的分析；下篇则选择出了一些具有代表性的契约进行具体解读。陈然③探讨了井业设置特别股——地脉股份的性质，且和彭久松一样主张"地租论"。同时，他还详细探讨了自贡盐业契约股份经营的特点，并充分肯定了盐业资产阶级对自贡盐场清末民初的社会经济大变革所起到的促进作用④。但吴天颖⑤则认为地主的地脉股份来源于土地资本，而非地租。他研究了富荣盐场年限井、子孙井嬗替过程，认为正是这一漫长的嬗替过程最终导致了子孙井地脉股份与土地所有权彻底分离，完成了土地资源向土地资本的转化。宋良曦⑥通过考述自贡地区钱庄、票号的起源、发展和流变，以及各历史时段的经营制度与业务，指出自贡地区的钱庄、票号在一定时期内成为当地金融的调剂中心和结算中心，较为成功地解决了盐业经济发展中货币资本的集中、投放、流转、划拨、调剂、平衡问题，且认为自贡的金融是以盐业的产运销为核心运转的，在很大程度上可以被称为盐业金融。Madeleine Zelin⑦则以自贡盐井业和商人为对象，研究了我国本土公司

---

① 彭久松. 以四川自贡盐业合资经营为代表的中国契约股份制之框架式研究 [J]. 四川师范大学学报, 1993 (4)：11-25.

② 彭久松. 中国契约股份制 [M]. 成都：成都科技大学出版社, 1994.

③ 陈然. 从档案看自贡盐业契约股份经营特色 [J]. 历史档案, 1998 (5)：84-90.

④ 陈然. 清末民初自贡盐业资产阶级的发展壮大及其对社会的影响 [J]. 中国社会经济史研究, 1998 (2)：46-56.

⑤ 吴天颖. 富荣盐场年限井：子孙井嬗替考 [J]. 中国经济史研究, 2017 (5)：87-109.

⑥ 宋良曦. 自贡地区的钱庄、票号与盐业发展 [J]. 盐业史研究, 1994 (2)：13-22.

⑦ ZELIN M. The Merchants of Zigong：Industrial Entrepreneurship in Early Modern China. [M]. New York：Columbia University Press, 2005.

的历史变迁，其中提到了金融习俗机制是我国本土公司发展的制度基础。此后，部分国内学者不再满足于对自贡契约中的股权属性进行探讨，开始深层次探讨契约所体现的经济金融问题。何兰萍[①]运用交易成本理论分析了合伙契约的形成与维系。张小军和王思琦[②]认为历史上的自贡盐业市场不是现代意义上的自由市场，而是多种市场并存的"广义市场"，包含了经济市场、社会市场、文化市场、政治市场和象征市场，并以后四类市场为主导。王雪梅[③]研究了清末和中华民国时期自贡盐业契约中的债务清偿问题，并提出受自贡盐业生产自身特性、利益权衡和博弈以及中国社会人情因素影响，自贡盐业债务清偿习惯既体现了合伙股东按股分担的原则，又表现为"井债井还"的债务清偿实践。赵国壮[④]研究了抗日战争时期自贡井盐场商融资问题，提出国家行库是盐业放款的主要力量，抵押贷款是重要的融资方式。

法学相关的研究应该是目前研究比较系统和深入的。徐文[⑤]对比分析了自贡盐业契约档案与当代契约的异同之后，指出自贡盐业不仅形成了以权利、动产和不动产为混合标的物的契约模式，而且还出现了近现代才发展成熟的契约种类，比如盐业合伙契约、盐业凿井投资契约等；并认为自贡盐业见证了传统契约从古代向近现代的转变。吴斌[⑥]不仅对近现代盐业的契约进行了分析，还探讨了盐业契约习惯法与成文法的互动关系，指出正是因为二者相互依存、相互影响，才促进了自贡盐业的繁荣。

此外，还有部分文献研究了承首人、作节等问题。吴斌、曾凡英和祝

---

① 何兰萍. 交易成本经济学视角下的自贡盐业合伙 [J]. 盐业史研究，2008 (2)：44-48.

② 张小军，王思琦. 咸与权：历史上自贡盐业的"市场"分析 [J]. 清华大学学报（哲学社会科学版），2009 (2)：48-59.

③ 王雪梅. 试探清末民国四川自贡盐业契约中的债务清偿习惯 [J]. 四川师范大学学报，2010 (11)：126-132.

④ 赵国壮. 抗战时期自贡井盐场商融资问题研究 [J]. 盐业史研究，2015 (3)：19-33.

⑤ 徐文. 自贡盐业契约研究 [D]. 重庆：西南政法大学，2014.

⑥ 吴斌，支果，曾凡英. 中国盐业契约论：以近现代盐业契约为中心 [M]. 成都：西南交通大学出版社，2007.

启①对承首人制度的演变过程、权利义务关系、与地主和投资者之间的关系等方面进行了研究。陈丽②研究了清朝和中华民国时期自贡盐井中"出山约""上、中、下节约"两种契约形式，从自然环境、盐井开采技术及市场竞争方面探讨了此类契约产生的原因。此类契约有效地解决了客人和地主之间的矛盾，保证了盐井开采所需资金来源，分散了投资风险。徐文③研究了作节制度中当事人之间的关系、日份转让的方式、利润分配的约定、风险成本的分担等问题。

回顾自贡盐业的相关研究，前期研究主要集中在历史学、法学等方面，重点围绕自贡盐业的历史地位、盐业契约的法律关系等内容展开，这些研究为后续研究提供了重要的参考价值。自贡盐业研究中与金融相关的一部分，围绕留存的盐业契约档案的解读形成了一定的成果，但是其中关于金融问题的研究还是零散和不成体系的。总体而言：一方面，虽然各学科都有涉及自贡盐业的研究，但从金融学角度研究自贡盐业经济的未成体系，且研究深度尚显不足，依然依附于历史研究，更多的是在历史解读中穿插一些金融理论，而不是引用历史契约文件系统研究金融问题。另一方面，已有关于自贡盐业契约中所体现的金融问题的研究，大多运用政治经济学的理论，更多围绕契约属性进行研究，缺乏搭建全局性的金融分析框架、运用现代金融学理论、深度剖析契约中所体现的金融因素及其功能定位的研究，也未探讨各关联金融因素之间的动态演变关系。同时，已有相关研究的研究方法多以定性研究为主，缺少定量研究，更没有建立金融计量模型、通过对契约中相关指标量化深入分析金融因素对自贡盐业经济发展的影响。鉴于此，本书基于对自贡盐业凿井契约的研究解读，挖掘其中的金融因素及其相互作用关系，提炼和再现了由地主、客人、承首人、作

① 吴斌，曾凡英，祝启. 盐业契约承首人制度研究 [J]. 四川理工学院学报，2007（2）：1-5.

② 陈丽. 自贡盐业契约"出山约"与"出丢上中下节约"研究 [J]. 四川理工学院学报，2009（1）：24-27.

③ 徐文. 启示与警示：自贡盐井合伙作节制度论 [J]. 兰台世界，2016（2）：146-149.

节和押头银共同组成的自贡盐井开凿的独特金融模式，揭示和肯定了该金融模式对自贡盐业经济发展的巨大推动作用，这有助于我们理解并客观评价我国农耕经济中的金融问题。

1.4　史料来源

研究经济金融史，必须有史料和数据作支撑，既要注重宏观经济数据，也有留意行业、家庭和企业的微观数据，但要做到这一点并不容易。一是史料和数据的保存不够完善，并没有建立完整的数据记录制度；二是中国朝代更替多以暴力革命为主，战争损坏了大量的史料和数据；三是各朝各代均以皇帝年号记年，货币发行单位差异也较大，换算困难，因此很难获得连续可靠的历史数据材料。幸运的是，在一些相对闭塞的地方，部分珍贵的史料和数据资料得以保留，比如自贡盐业历史契约档案。自贡处于我国西南边陲，属于山区地貌，不似成都这类大型商业城市，陆路交通非常不便利，但水系发达，水运费用低。盐业矿藏丰富和水路发达促进了自贡盐业经济的蓬勃发展，大批盐业相关的档案记录因之而生。西南山区的地理位置又使得自贡远离权力中心、远离战火，故而使这些史料和数据有机会留存至今。发达的行业经济、完整丰富且具有代表性的历史档案资料，正是笔者选择对自贡盐业经济开展研究的重要基础。

本书所使用的关于盐井开凿的金融史料，例如参与主体各方所持股份、金融中介提供的金融服务和相关报酬、金融风险管理及其股份的出让等资料和数据，主要来自自贡市档案馆馆藏的契约档案和自贡市政府组织编撰的各类出版物——盐法志、盐政史、有关盐政的文章汇编和地方志，这些契约档案与资料对于理解自贡盐业盐井开凿中金融模式问题尤其重要。自贡市档案馆中现有馆藏自贡盐业契约和相关文书档案 3 000 余件，上起康熙五十九年（1720 年）下至中华人民共和国成立后的 1953 年，完整、系统地展现了自贡特有的盐业契约档案原貌。此外，自贡市档案馆也收藏了大量川南盐务和自贡商会的档案，以及少量的盐业企业账簿和企业文件。在自贡市档案馆馆藏的盐业契约档案中，有850份已被编入《自贡盐业契约档案选辑（1732—1949）》一书。本书在引用收藏于自贡市档案馆的契约档案时，以档案馆的档案编号为注；在引用整理收录于《自贡盐业契约档案选辑（1732—1949）》一书中的契约档案时，以契约编号为注。此外，本书还非常重视调研工作，笔者曾亲自到自贡盐业博物馆、档案馆深入了解自贡盐业相关情况，并同相关专家座谈，通过翻阅相关回忆材料，如《自贡文史资料选辑》和《四川文史资料选辑》等，得到更加翔实和全面的调查资料。

1.5 主要研究方法

根据研究主题的特殊性，本书主要采用了以下几种研究方法：

一是历史研究法。本书旨在研究自贡盐井凿办中的金融问题，研究主要基于留存至今的各类史料和文献，尤其是自贡市档案馆馆藏的盐业凿井相关契约档案。透过对史料的深入研读，本书不仅详细释义了契约中的关键词，还从金融角度对契约中所涉及的金融问题进行了现代解读。从地主、客人、承首人等参与主体，到押头银和作节等金融工具，再到整个自贡盐业盐井开凿的金融模式分析，本书强调了资本的重要性和金融在自贡盐井凿办中所发挥的核心作用。

二是比较研究法。虽然本书研究的是金融史问题，研究的出发点也是史料文献，但研究历史问题绝不是简单地总结历史经验，而应该以史为鉴，探寻历史元素的启发意义，以促进当代社会发展。在本书的研究中，比较研究法主要体现在自贡盐业盐井凿办金融模式中各金融因素与现代金融因素之间的对比，特别是承首人与现代金融中介、作节制度与当代风险投资、土地入股与目前土地改革的对比。

三是实证研究法。基于史料和经验判断，本书选取自贡市档案馆馆藏的清代自贡盐井凿办契约为样本，实证检验了承首人和押头银作为金融要素对盐井股权关系的影响。鉴于盐业契约保存的完整性和可得性，本书分析的盐业凿井契约主要包括新凿井和复淘井两类。在逐字逐句解读每份契约后，笔者抽取有用信息、获得可用样本 42 份，年代始于嘉庆元年（1796 年），止于宣统二年（1910 年）。实证研究结论为"土地的重要性下降，资本重要性上升"提供了经验证据。

1.6　贡献和不足

1.6.1　贡献

关于自贡盐业经济的研究，尤其是盐井凿办方面的研究，法学、经济学、史学相关领域的学者都有涉及。本书主要从金融学的角度出发，对自贡盐业盐井凿办的金融模式及其中包含的金融问题、金融因素进行深入剖析，主要贡献体现在以下几个方面：

第一，从金融学角度论证了我国农耕经济中金融所发挥的重要作用，否定了长期以来我国农耕经济中一直金融缺位的说法。本书认为，自贡盐业经济的成功说明了金融在中国农耕经济中不但没有缺位，反而以一种独具地方特色、灵活多样的方式发挥了推动经济发展的巨大作用。金融作为自贡盐业经济发展的重要推动因素尚未引起学术界的高度重视，目前尚未建立一个理论框架对散落于自贡盐业经济中的各金融因素进行统一分析，也尚未有学者深入研究各金融因素及其相互之间的作用关系。本书则力图弥补这一空白，基于自贡盐业盐井凿办契约，聚焦自贡盐业经济中的金融问题、肯定了金融对自贡盐业所发挥的重要作用、界定了各金融要素并厘清其中的金融关系、解读了其金融意义。本书的研究将促进我们更好地理解中国金融发展史所具有的历史意义和现实价值。

第二，提炼、再现并深入分析了自贡盐井凿办的金融模式，首次指出这是一种由地主、客人、承首人、作节、押头银构建的以股权融资为典型特征的金融模式。自贡盐业之所以能如此成功地将传统农耕经济手工作坊转型为初具规模的近现代产业链结构，不仅是因为自贡地区卤水资源丰富，更重要的是因为自贡盐业经济在长期发展过程中创建和形成的这一套符合盐业经济发展规律、以筹集资金为目的的金融模式。本书深度剖析了此模式中各因素所扮演的金融角色及其作用关系，揭示和肯定了该金融模式对自贡盐业经济发展的巨大推动作用。

第三，运用合同理论，对金融模式中的重点内容进行了理论建构、求解和分析。具体表现为：本书基于 MM 理论模型，将不确定性纳入并对模型进行了拓展，论证了信息不对称下股权是最优的融资决策；构建了含有承首人的委托代理模型，求解最优股权合同收益最大化函数，得到努力水平的边际产出等于边际成本，论证了承首人的经济价值；构建了含有资金接力的融资决策模型，通过求解发现，无论是好的状态还是坏的状态，客人、承首人和地主极易采取一致行动，即作节，使得他们所持有股份的预期收益最大化。

第四，首次提出并强调了承首人在自贡盐井凿办中实质履行着金融中介的重要职能。本书分别从商业信用、信息不对称和委托代理理论论证了承首人产生的经济学解释。承首人的出现是地主和客人双方的共同需求；承首人基于对彼此双方的了解，建立了地主和客人之间的关系纽带，实现了地主和客人之间的信息沟通，并通过代理地主和客人双方完成盐井凿办的相关事宜。承首人从凿井初期的中间人和捐客，到凿井过程中和后期的统筹协调和监管，实现了从单一金融中介向提供综合性金融服务的转变。

第五，首次提出并强调了"作节"这一融资制度在自贡盐业金融模式中发挥的巨大作用。在作节制度中，上节通过丢出部分股份给下节，成为与地主一样不出工本而享有鸿息的客人。作节制度实际上是股份的再分配制度。在这个分配过程中，笔者看到了很多现代公司股权管理的雏形，例如股份丢出时原股份持有人享有优先的认购权，下节股份数量与凿井的效果和顶价有关等。但是作节最核心的要素在于上节并未丢出全部股份，而是保留少量股份待井见功时享受收益。作节的机制与现代的风险投资很相似，但是风险投资并没有限制股份提留，原股东可以全部卖出股份并全身而退，使得风险投资危机重重。鉴于此，本书提出自贡盐井作节机制可以有效抑制投机风险，有助于投资人围绕实体项目本身实施经济活动的观点。

第六，首次从融资次序理论出发，解释了自贡盐井凿办为何会采用股权融资，并建立了金融计量模型，实证检验了承首人和押头银对盐井股权关系的影响，从而提出"土地重要性在下降，资本重要性在上升"的观点。同时，本书还紧扣现实，将地主和资本的关系运用于我国当前时期的农地改革中，在明确农地所有权和使用权的基础上，鼓励专业户、村干部发挥"承首人"角色，通过土地入股或租佃方式，集约化使用土地，提高农地使用效率，激发农村活力。

1.6.2　不足

由于文献资料和时间关系等原因，本书的研究也存在一些不足之处。例如，随着自贡金融市场的发展，钱庄、票号等金融机构的作用也会逐渐变大，而它们在不同历史阶段到底发挥何种作用，对盐业经济产生了何种程度的影响，还有待进一步深入研究。在作节机制中，本书仅分析了哪些因素会影响股权的再次分配，但是尚未建立相关的计量模型、未采用多元线性回归方程。承首人在盐井凿办过程中所履行的金融职能也随着时间的推移而逐步变化（我们从契约和相关史料中可以觉察这种变化），但这些金融职能的变化并没有彻底转化为现代金融中介，其背后的深层次原因也值得进一步深入研究。总之，在以后的研究中，笔者将在以上方面更深入地进行探讨和分析。

2 自贡盐业经济历史概述

井盐生产是我国盐业历史发展进程中辉煌的一部分。地处四川南部的自贡，是中国近代规模最大的盐井生产基地。自贡井盐传承千年的精湛开采技术，无疑是中国科技史上一颗璀璨的明珠，它不仅在跨越数个世纪的漫漫历史长河中一度遥遥领先于世界其他地区，更对我国现代石油、天然气等钻井技术产生了重大而深远的影响。而拂去科技的光辉，抽丝剥茧，另辟蹊径地从金融学的角度审视自贡盐业，我们也不难发现，无论是盐井开凿过程中所形成的契约关系，还是土地与资本的完美结合，都对研究和理解我国股份制的滥觞具有重要的历史和现实意义。

2.1 发展历程回顾

2.1.1 自流井、贡井与自贡

天生曰卤，人生曰盐。盐业生产自古以来就在中国手工业发展中占有举足轻重的地位。盐有海盐、池盐、土盐、石盐，而天下井盐，则始于四川。四川井盐的生产，又以今天川南地区的自贡市最为繁盛。自贡是"自流井"与"贡井"的合称。自贡地区数亿年前曾是一片汪洋大海，经过经年累月的地质变化，沧海易为桑田，并在地下岩层中留下了丰富的盐岩、天然气甚至石油资源，泽及后人。在自贡，同一口井"水火并济"，即同时钻出卤水与天然气的情况时有发生，许多卤水的煎制都是用天然气作为

燃料，日夜煎烧，也因此出现了"井户""灶户"的专业分工与"以井统灶""以灶统井"的区域特色。明朝时大为兴盛的自流井与贡井，其实质就是进行工业性开采的气水田。

自贡的盐业始于东汉，在晋代已初具规模，唐宋时声噪全川，明清时则更上一层楼，驰誉全国、富甲蜀中。东汉章帝时，自贡就有了井盐的生产记载。北周武帝时，中央更是因为闻名遐迩的富世盐井与大公井，在富世盐井的西北部置富世县①，在大公井所在地设公井镇②。唐开元初年（713年），自贡地区盐井的盐课税达到了 2 258 贯。北宋初，自贡盐井数量和盐的产量约占整个四川的 1/10。南宋末，富顺地区的盐业已年产 1 173 000 斤③。元顺帝时，荣州地区已有盐户数千户。明朝正德末至嘉靖初年，富义盐井及其邻近的一批盐井的卤源相继枯竭，盐民便迁址于富顺县城西九十里④地的荣溪水滨，开启了以自流井为代表的新一轮盐井开凿与卤水开采。与此同时，大公井所在荣县产区，亦逐渐改称贡井。明朝万历年间，自流井和贡井地区已有关于煎盐火，即天然气井的记载，这标志着世界历史上首个工业性盐井及其开采产区的形成。清康熙三十六年（1697年），釜溪河疏浚工程完成，由沱江入长江的运盐航道自此畅通无阻，借此富义的产盐除销售川内 30 多个州县外，亦远销湖北、贵州、云南等省。雍正七年（1729年），自流井和贡井分别成为富顺县和荣县的分县，专管盐务。自流井先后被称为富场、富荣东场，贡井先后被称为荣场、富荣西场，两地合称富荣场。嘉庆、道光时期，富荣场的钻井、补腔与打捞等技术日臻完善，新凿盐井深度增加，黑卤和天然气得以开发，富荣盐业从此走向了水丰火旺的高速发展道路。道光十五年（1835年），井深 1 001.42 米的燊海井凿井（见图 2-1）成功，体现了我国古代钻井技术的成熟。然

① 富世县，在唐贞观二十三年（649年）因避唐太宗讳，更名为富义县；在宋太平兴国元年（976年）又避宋太宗讳，更名为富顺县。

② 公井镇，在唐武德元年（618年）改镇为县，置荣州；在贞观元年（627年）改为旭川县。

③ 1 斤等于 500 克，下文同。

④ 1 里等于 500 米，下文同。

而，清末民初自贡盐业采卤技术的发展并未止步于此，1892年大填堡岩盐的发现开启了我国乃至世界岩盐体钻井水溶地下自然连通开采的历史。与此同时，蒸汽机也开始在盐场出现，汲卤钢绳开始取代传统的竹篾，铁制汲卤筒亦开始投入采卤生产。1937年，抗日战争全面爆发，海盐产区相继沦陷；1938年，中华民国国民政府下令川盐增产加运，为了加强战时管理结束了自流井、贡井盐场行政分治状况；经过一年的筹备，1939年9月自贡市政府正式成立，直隶于省政府管辖。

图2-1 燊海井

（资料来源：http://www.zgshjly.com/xwdt/shjxw-View-27-288.html.）

自贡作为我国农耕文明土壤中开发最早、规模最大的井盐基地，从北周武帝时期就是因盐设镇，后又因盐置县、因盐建市，从"富义盐场"到"富荣盐场"，再到抗日战争时期正式建立的"自贡"市，不仅完成了从两县行政分制到行政合并的过程，也完成了从盐业手工作坊渐次成为工业企业生产的转型。自贡与盐，渊源不可谓不深。

2.1.2 清代的两次大规模发展时期

本书研究的时间段为清代，而纵观整个清朝统治时期的自贡盐业历史，可以清晰地看到两次大规模发展的阶段：①恢复生产、始而复振的清初时期；②第一次川盐济楚时期。

（1）恢复生产、始而复振的清初时期。

明末清初，战乱频繁，人丁锐减，百业凋零，自贡地区93%的盐井坍塌毁坏，90%的盐民失业，自贡地区的盐业生产也因为外部大环境的影响而一度萧条。其后，时局渐稳、百废待兴，清政府也颁布了一系列鼓励和促进井盐发展的措施。其中最重要的两条：一是大量引入移民填川，补充因战乱导致的人口锐减和劳动力不足；二是减轻盐业课税，以复苏盐业生产，如乾隆四十九年（1784年）复行"听民穿井，永不加课"的政策，有效地安定了人心、予民休憩，提高了盐业生产的积极性。同时，来自山西、陕西、广东、福建等地的商人和劳务人员将大量资金和技术带到自贡地区，他们有的从事盐井开凿，有的开设票号钱庄，有的经营盐业运输等。清康熙二十五年（1686年），全川仅重新开淘的旧井就达1 182口，到雍正九年（1731年），全川已有盐井6 116眼，岁产盐92 277 840斤，贡井年征引课银14 000余两，已经超过了当时荣县的田赋收入[1]。至乾隆二十三年（1758年），富荣盐场已有盐井423眼、天然气井10眼、煎锅1 001口，年产盐1 800余万公斤[2]，跻身于川盐三大场之一。

（2）第一次川盐济楚时期。

清咸丰、同治在位的数十年间，太平天国战火延绵，波及全国多地，却冥冥中造就了自贡井盐发展的黄金时期。太平军自咸丰元年（1851年）起义以来，自广西一路北上，到咸丰三年（1853年），已占领了长江中下游大部分城市，如湖北汉口、武昌，江西九江，江苏江宁、扬州等，致使长江下游运输梗阻，淮盐无法上运至湖南湖北地区。清廷为了解决两湖食盐急缺的问题，下令借拨川盐，引盐济楚，允许原本只能在云贵川地区销售的四川井盐扩展销售至湖南湖北地区。富饶的资源、精湛的技术、高额的利润、广阔的市场，使自贡盐业步入鼎盛时期。据推算，济楚期间川盐每月在湖广地区销售约810万斤，其中四分之一为自贡所产。当时产盐之

---

① 中国人民政治协商会议自贡市贡井区委员会. 盐都发端·贡井：自贡市贡井区盐业历史文化资料汇编［M］. 北京：大众文艺出版社，2009.

② 1公斤等于1千克，下文同。

兴旺，可见一斑。同治至光绪初年，富顺盐场已拥有盐井、天然气井707口，煎锅5 590口，年产食盐近20万吨，占据了全川产量的半壁江山，盐税收入约占全川的40%。这一时期，富顺盐场盐井密布，绵延40千米。盐匠、山匠、灶头共约万人，金工、木工、石工共约数百家。贩卖布匹、豆粟、油麻者数千家，担水夫约有万人，船夫数倍于担水夫，盐夫又数倍于船夫，相关金融服务机构数百家，富顺盐场成为四川盐业中心。可惜，太平天国运动失败后，在曾国藩等人三番五次地上奏之下，清政府收回了川盐在湖南湖北的销售权，自贡井盐的生产也因之回落。

此外，在清政府灭亡后不久，发生于抗日战争时期的第二次川盐济楚也掀起过自贡盐业发展的新高潮。1937年7月，抗日战争全面爆发，随着战事推进，海盐产区相继沦陷，盐业运输受阻。为了解决湖南、湖北等省居民用盐问题，中华民国国民政府责令四川盐场增产加运。自贡盐业作为四川产盐的重要地区，开始大量起复盐井，增加灶房（见图2-2），日夜煎烧，增加产量。1938—1949年，自贡盐产年均24.45万吨，占全川盐产量的60%，盐税占川盐税收的80%以上。

图2-2 煎烧卤水的灶房

（资料来源：作者摄于燊海井。）

2.2 自贡盐业的形成与发展：生产关系适应生产力

民以食为天，盐业乃民生之重。四川是井盐的主要生产地。在清代以前，井盐的生产基本上被官府控制，有研究者指出："大概率自秦汉以来，始则夺灶户之利而官煮之；继则夺商贾之利而官自卖之，行引以后至并引，亦官自卖焉。"[①] 在这种情况下，盐业成了中国封建社会时期政府的"官业"。在封建社会，盐业被政府控制，主要是为了征税，当然也不乏以权谋私的情况。到了北宋年间，卓筒井的出现，使得开采、煮盐更加便利，民间开始出现了"民营井灶"。民营井灶按官府分派的产盐数额，生产井盐、交付政府。要指出的是：在明朝以后，卓筒井开发出了蕴藏天然气的火井，天然气被广泛地用于卤水煎烧煮盐，贡井日益兴旺，盐户也随之壮大，需要雇佣的工人也逐渐增多，形成了"老板"与"雇工"的劳资关系。这是四川井盐生产关系上的一个划时代的变化。

四川盐业生产的历史发展表明：生产力决定生产关系，生产关系反作用于生产力。从当时的生产力来说，应当是手工业生产，而生产资料主要掌握在"老板"，即盐井股权所有者手中，生产关系则为雇佣关系。这种生产关系，推动了自贡盐业经济的发展，也增加了盐业财富。

到了清朝初期，很多富人将自己的资金注入自贡这片土地，投资者纷沓而至，都想打捞这红土地中的"白金"，大肆凿井设灶、办井煮盐。后来，"川盐济楚"，将四川食盐"推广"到淮海楚地一带，于是，就形成了富甲一方、资产万贯的商业巨头，同时也壮大了盐业的从业人员。因此，虽然自贡盐商被称为"商"，但其实是集"工"和"商"于一体，在他们登上历史舞台的那一刻，就已经成为当时生产力的代表，成为中国近代史上资本主义发展的先驱。

---

① 引自清朝四川总督丁宝桢总纂的《四川盐法志》，卷20，第15~16页。

按照马克思主义经济学的理论，资本主义是从工场手工业发展起来的。马克思在《资本论》中指出：资本主义生产关系的发展经历了简单协作、工场手工业和机器大工业三个时期。简单协作是资本主义生产的起点，工场手工业是资本主义生产的过渡阶段，而机器大工业是资本主义生产的技术基础。

简单协作在资本主义以前便存在，但资本主义是从简单协作开始的。从历史上考察，资本主义生产开始时，一些作坊主和商人雇佣了较多的手工业者在自己的作坊里进行劳动。在这种条件下，作坊主和商人有可能不参加劳动，只榨取手工业者的剩余劳动。所以，从生产关系方面看，简单协作是资本主义生产的起点。再从生产力方面看，在一个作坊中雇佣较多的工人进行生产，在客观上就要求分工，以分工为基础的协作是工场手工业的特征。可以说，正是由于在一个作坊中雇佣了较多的工人，先以简单协作的方式进行生产，以后才有可能产生以分工为基础的工场手工业，而工场手工业是发展到机器大工业生产的过渡点。之所以形成了过渡点，主要在于工场手工业在资本主义生产的发展中起到了重要作用。它大大地提高了劳动生产力，推进了资本主义生产的社会化。这种作用得以发挥的重要因素是分工协作。马克思说："一切规模较大的直接社会劳动或共同劳动，都或多或少地需要指挥，以协调个人的活动，并执行生产总体的运动——不同于这一总体的独立器官的运动——所产生的各种一般职能。一个单独的提琴手是自己指挥自己，一个乐队就需要一个乐队指挥。"[①] 这说明管理的必要性首先来自一切较大规模的直接的劳动过程。工场手工业出现以后，劳动就由形式上隶属于资本向实际上隶属于资本过渡。这是因为以分工为标志的工场手工业，使得劳动者的劳动方式逐步发生了革命，过去劳动者能独立地从事某一件产品的生产，现在只能生产产品的某一部分。在这种条件下，劳动者不可能有全面的生产技术，只有片面的生产技巧，这样劳动者离开了资本家的工场就难以独立谋生。马克思说："起初，工

① 中共中央马克思恩格斯列宁斯大林著作编译局. 马克思恩格斯全集：第 23 卷 [M]. 北京：人民出版社，2006：367.

人因为没有生产商品的物质资料，把劳动力卖给资本，现在，他个人的劳动力不卖给资本，就得不到利用。"①

机器大工业是资本主义生产的技术基础。简单协作与工场手工业虽然有区别，但它们有一个共同点，即仍然以手工劳动为主。也就是说，在这两个时期，生产工具没有发生根本性的变革。但是，当资本主义生产发展到大工业之后，生产工具发生了根本性的变革，使资本主义生产发生了前所未有的变化：第一，自然代替了人力，扩大了对自然的利用；第二，资本以榨取绝对剩余价值为主转变为以榨取相对剩余价值为主；第三，劳动由形式上隶属于资本最终变为实际上隶属于资本。

就自贡的情况而言，一开始因为凿井技术有限，盐井多为大口浅井，地主多是在自己的土地上以个人或者家庭为单位凿井煮盐，到后来虽然形成了一定的雇佣关系，但因为凿井和煮盐都比较简单，所以属于简单协作。明清以来，因为卓筒井技术的广泛应用，开采难度加大、技术要求提高，仅是凿井的过程中就出现了锉凿、修复等各种不同工种，分工进一步细化，因此已经进入工场手工业时期。而进入机器大生产时期，则是中华民国时期的事情了，但机器大工业生产对于传统自贡盐业生产的冲击是显而易见的。

按马克思经济学的观点，从工场手工业发展到资本主义，企业需要有资本推动的过程，这一过程包括：资本的来源、资本的累积和资本的运用。在前资本主义社会，"在工场手工业中……执行职能的劳动体是资本的存在形式。由许多单个的局部工人组成的社会生产机构是属于资本家的。因此，由各种劳动的结合所产生的生产力也就表现为资本的生产力"②。这就是说，在工场手工业中，资本就是"执行职能的劳动体"，这些劳动体就是资本家雇佣的工人。这种状况表明，在前资本主义社会，在工场手工业的经济组织中，资本来源于雇佣工人的剩余劳动，它掌握在商人和土地所有者——地主手中。

---

① 中共中央马克思恩格斯列宁斯大林著作编译局. 马克思恩格斯全集：第23卷［M］. 北京：人民出版社，2006：399.

② 马克思. 资本论（节选本）［M］. 北京：中共中央党校出版社，1983：115.

掌握在商人和土地所有者手中的剩余劳动形成资本有一个积累的过程，这个过程的长短主要取决于盐业生产利润的多少。资料表明，随着井盐生产的发展，劳动生产率的提高，井盐的产量也随之上升，而成本则逐步降低，盐井利润颇为可观。有诗云"一泉流白玉，万里走黄金"，描述的就是盐业利润之大。此外，在井灶户的急剧分化中，一些资本雄厚的大股东或大井灶主，通过兼并小井灶户和小股东，成为一个或多个工场的控制者。自贡地区出现了一些拥有井、灶、笕及商号，以及资本数十万或者百万元的大工场主。这些大场商垄断了井盐的产、运、销，并集地主、官僚、商人、资本家于一身，成为左右盐场命运的头面人物。自贡地区的"四大家族"、犍乐盐场的吴景让堂[①]等就是这种大工场主资本家集团的代表。大资本家集团的形成，是盐业资本主义高度发展的产物。

2.3　影响自贡盐业经济发展的因素分析

自贡盐业发展千年，从历史的整体进程来看，科技革新引起的生产力进步无疑是促进自贡盐业发展的重要推动力，然而仅就清代而言，盐业政策、土地和资本的重要性更为明显。

2.3.1　科技的发展

科技是第一生产力，自贡地区不断进步的钻井技术对于推动其盐业发展功不可没。自贡井盐的开采不同于海盐、池盐等其他采盐形式，它绝非简单地靠水汲水，而必须先度脉打井，其原理与当今的石油钻井相同，开采难度之大、技术要求之高，可想而知。从理论上讲，盐井的深度越深，成功开凿出卤水的可能性就越大，而卤水埋于地下越深，其含盐量也就越高，因此，凿井技术的革新与自贡盐业发展息息相关。

---

① 吴景让堂是清代四川乐山牛华溪吴氏盐业家族的堂名。

据《华阳国志·蜀志》记载，秦代蜀郡守、修造都江堰的治水专家李冰在位之时就已带领蜀人成功开凿出了盐井汲卤，至唐代，随着顿钻技术的进步，自贡附近的仁寿县出现了"纵广三十文，深八十余丈"[1]（200余米）陵井，其深度可谓大口盐井之最。在北宋以前，所有的盐井都是大口井。大口井顾名思义，就是井口直径大，但是井深度有限，劳动者必须在井下作业。到北宋庆历年间，随着手工业的发展，一种新型的钻井技术——卓筒井问世了。卓筒井是世界上最早发明的小口径钻井技术，它以铁质圜刃为钻头，以巨竹去节首尾相衔下入井中作护壁，以耕牛为动力拖动绞盘，并率先使用冲击顿钻法，让劳动者无须下井，只需要在地面上操控相应的机械装置，利用重力向地下开凿盐井。卓筒井技术的出现，无论从钻井工具、井身结构还是汲卤方式上都是一个历史性的进步，这一技术一直被沿用至清末，并不断发展、日趋完善。清道光十五年（1835年），世界上第一口超千米的深井燊海井在自贡成功开凿，高含盐量的黑卤源源不断，直至今日依然在持续煎烧产盐，可谓自贡盐业生产力突飞猛进的最佳证明（见图2-3）。卓筒井技术的出现与发展，除了大幅度提升自贡地区井盐生产水平以外，还推动了自贡地区石油和天然气的开采，使大量深埋于地下的油气资源得到利用。自贡地区所谓的"水火井"，就是一口盐井同时开采出卤水与天然气，而自贡人民又巧妙地利用竹笕（见图2-4）进行水气分离，以天然气为燃料煎烧卤水从而制盐，这种就地取材的环保生产方式也促进和保障了自贡盐业的可持续发展。卓筒井不仅是自贡地区的标志性钻井技术，也是现代钻井技术的起源、我国石油天然气钻井开采技术的先驱。卓筒井的问世，标志着中国井盐技术实现了从人力挖掘到机械凿井的重大转折，开创了人类机械钻井的先河。

---

① 董永志. 明清以来四川盐井"卓筒井"的开凿方法与器具 [J]. 机械技术史，2008（0）：337-343.

图2-3 燊海井井口

（资料来源：作者摄于燊海井。）

图2-4 竹笕

（资料来源：作者摄于燊海井。）

卓筒井对于自贡盐业的影响，除了显而易见地提高地区生产力、促进盐业蓬勃发展以外，也导致了凿井资本投入的不断增加，整个自贡地区的凿井模式和投资结构都因之发生了重大变化。在大口井时代，由于技术限制，井深有限，虽然不是每一块土地上都可以开凿出卤水，但在卤水藏于浅表、容易出水的土地上，凿井人只需要投入少量资金就可以凿井见功。在这种情况下，凿井人多为地主本人，因为一个人或者一个家庭完全有能力承担开凿大口井所需的资金，所以也几乎不需要引资融资或者与人合办。卓筒井的问世改变了这种自给自足的状况，尤其是发展至清代，凿井技术已经可以下凿深至千米，凿井所需要的资金也相应地增长了无数倍，地主再也没有办法独立负担起如此高额的凿井费用，因此如何获取凿井资金就成了一大难题。也正是在这种技术发展的前提下，自贡才出现了独具特色的金融模式，以解决技术发展带来的资金困难。

然而，介于本书研究的时期为清代，而科技发展对自贡盐业的影响必须从整个历史长河的宏观角度去理解，如果只着眼于历史中的一段特殊时期，本书并不认为科技应该被归为影响一个朝代盐业发展的首要因素，原因如下：首先，促进自贡盐业发展最重要的科技革新发生在宋代，而非清代。在清代，虽然各种凿井相关的技术都有进步，但没有哪一项可以谈得上生产力的"变革"。从大口井到卓筒井这种技术的飞跃，或是蒸汽机的发明之类翻天覆地的变化，在清代并没有出现。其次，从钻井科技本身的发展来看，自贡的钻井技术直至清末都一直领先于世界，因此在蒸汽机引入自贡以前，影响自贡盐业的科技发展都是一种内生性的、只具有正面影响的发展，并没有造成过自贡盐业的波动。再次，从自贡盐业的内部环境看来，钻井技术在自贡地区内部的发展非常均衡，每一户盐井都掌握相同水平的技术手段，没有以宗族或者地域等为阻隔的"独门绝学""秘而不传"等造成的生产力不均衡。换言之，科技的发展并没有造成自贡盐产区内部发展的分化与不平衡。最后，从科技的外部冲击来看，中华民国时期蒸汽机的大量引入和不断扩展的机械化生产方式对传统的自贡盐业生产造成了不可估量的影响。然而，这种冲击的结果，究竟是使自贡盐业在中华民国末期逐步衰亡还是彻底转型，众说纷纭。鉴于本书主要研究自贡盐业在农耕经济中的金融问题，研究朝代界定在清代，故对此不展开过多的讨论。

事实上，聚焦清代，放眼自贡盐业的发展脉络，不难发现，盐业政策、土地和资本才是影响自贡盐业发展最核心的因素。

2.3.2　盐业政策

盐业可分为生产、运输、销售三大部分。虽然清政府极少干预盐业生产，但沿袭了我国自春秋以来的传统，对盐业的运输和销售管制极为严格。历代的盐制盐法大同小异，归纳起来可分为两种：明万历以前，采用专卖制；明万历至清代再到中华民国时期，则采用征税制。所谓"征税制"，也称盐引引岸制，就是国家为了最大化盐税收入，通过派发"盐引"向商人授予运输和销售的权利，而商人则根据所领"盐引"的多少缴税。引岸制度的核心，可概括为"分厂分岸、按销定产"，也就是说，每张盐引除了对食盐的运输和销售额度有严格的规定外，还对其销售的地点进行了明确的划分。这一制度安排严重束缚了自贡盐业的发展。

首先，引岸制度限制了自贡井盐的销售市场。按照清户部的规定，自贡井盐的销售区域有五个，即附场票岸、边计岸、腹计岸、黔边岸和济楚岸，大致包括今天的四川、贵州一带和湖北的恩施、鹤峰地区。而广袤的湘鄂其他地区，则都属于淮盐的引岸范围。这种销售区域的划分和限制，除了上文所述在太平天国运动时期因为战乱对川盐济楚的范围短暂地扩大过，其余时期都并无太大变化。川盐济楚时期，自贡盐井、灶锅数量和井盐产量的突飞猛涨，都说明了自贡盐业的生产力远高于其销售区域的需求，而太平天国运动后随着清政府收回川盐济楚的盐引，自贡的盐业生产也随之回落。

食盐作为一种生活必需品，其需求是相对稳定的。而引岸制度，按销定产，严格规定了某生产地（场）生产的盐只能在某固定区域（岸）销售，且对销售额度亦有规定，不得超额销售，也不得在没有许可的区域销售。换言之，即使生产商有能力扩大生产，其产品也无法进行合法销售。这种按销定产的政策严重违背了市场规律。

清朝时期自贡所获的引岸销售区域被限制在仅有的五个岸口，而这五个岸口均处于内陆地区，并没有受到过于激烈的外部冲击，也没有遭受大规模的自然灾害，所以人口增长率和死亡率一直保持平稳，也就是说对自贡井盐的需求也保持着同样的平稳。在引岸制度的政策限制下，自贡井盐的销售市场无法打开，人们对食盐的需求也没有明显涨幅，因此自贡井盐的产量也就只能按部就班地保持一种身不由己的平稳。

事实上，自贡井盐色白质干、颗粒均匀，纯盐含量在95%以上，其质量是远胜于淮盐的。淮盐由海水在盐田里曝晒而成，往往夹杂着大量泥沙，颜色乌黄，纯盐含量仅能达到85%。川盐济楚期间，因川盐质美，优于淮盐，因而在楚地广受欢迎，人皆喜食，其畅销程度有目共睹。可惜，四川地处西南，远离京畿腹地，朝中无人，太平天国运动之后虽有湖北巡抚胡林翼等奏请准许川盐继续在楚地行销，但终不敌以两江总督曾国藩为首的淮盐一系"扶淮抑川"，川盐依然无法取得湖南湖北等地的引岸权，也就无法扩大销售市场和盐业生产。

其次，引岸制度除了直接限制了自贡井盐的产量与销售区域之外，还造成生产商和销售商的脱节以及运输上的专商垄断，使运销不能货畅其流，从而破坏了盐业生产。由于盐引是直接授予盐商的，盐商又并不一定是开凿井盐的生产商而多是大户豪绅或者有官僚背景的商人，因此官商勾结以谋取高额利润的情况屡有发生，比如某一地区之内只能销售某一特定盐商贩运之盐，否则以私盐论处。此外，盐引并非不可买卖租让之物，也有盐运商人专门收购大量盐引，以求专商垄断，囤积居奇。生产和销售的分离，一方面导致盐价高悬而人民淡食，另一方面又致使盐场的价格被一压再压，甚至出现了经营井灶者获利甚微甚至破产的情形。这种专商专卖的模式严重阻碍了经济的正常发展，打击了生产者的积极性，破坏了市场环境的同时也抑制了自贡盐业的蓬勃生机。

2.3.3 土地的价值

自贡是富顺县盐场（自流井）和荣县盐场（贡井）的所在地。自贡所处的地方曾经是一片内陆海的边缘，气候的变化和四川盆地的抬升导致内陆海逐渐缩小，留下了大量的卤水和盐岩等矿物质及天然气。大自然赋予了自贡宝贵的自然资源，而自贡人民也用自己的勤劳和智慧珍惜利用着大自然的馈赠，井盐产业泽及千古。

由于自贡地处中国西部偏远的多山地区，地质结构和地理位置就成了自贡盐业生产的障碍。卤水深埋地下的地质结构决定了盐井凿办需要花费大量的人力、物力和财力，不像沿海海盐触手可及、开采成本低。自贡井盐的开采成本非常高，而且不确定性因素非常大。在当时的技术条件下，这些不利因素对土地提出了较高的要求，这也体现了土地的价值。在农耕经济时代，土地属于地主所有，地主在盐井的早期开凿过程中享有非常高的话语权。在盐井开凿选基上，人们往往基于经验判断，一般是从地形或者周边盐井开凿情况来判断，因为土地产权的唯一性和不可替代性，土地的位置决定了土地的价格。这也正好符合马克思关于级差地租的理论。土地所处位置越好，其所对应的价格越高；相反，土地所处位置越差，其所对应的价格也会越低。从这个层面上来说，在自贡盐井发展的初期，拥有土地的地主在盐井凿办中占有非常重要的地位。地主的重要性不仅会体现在初期采用的年限井契约中，而且还体现在子孙井初期股权占比中。随着凿井技术的提高，由于地脉相通，土地位置的重要性逐渐下降，凿井见功与时间和费用支出呈正相关，土地的重要性逐步让渡给资本。

2.3.4 资本的力量

不同于海盐或者池盐，自贡井盐生产中的"盐"，即卤水，深藏在地底，不经过经年累月的凿井工程的开发是无法看到的。凿井属于劳动密集型工种。一方面，盐井开凿难度大、耗时长。据李榕编写的《自流井记》记载，依据土壤与岩石的不同，众人齐力，每天凿井的深度多则一尺，少则一寸。按照这样的速度，开凿盐井一般需要花费5~10年的时间，凿井越深，耗时越长。另一方面，卤水咸度又与盐井深度直接相关。从600~700米深处汲取的卤水，被称为黄卤，平均咸度为13%，若低于此就丧失了开采价值；从1 000米深处汲取的卤水，被称为黑卤，平均咸度为18%[①]。与黄卤相比，黑卤产盐量更高。据吴炜等编纂的《四川盐政史》记载，1930年，在黑卤资源最丰富的贡井，黑卤井的平均产量，最低产者

---

① TAOCHANG C. The Salt Industry of China 1644—1911：A Study in Historical Geography ［D］. Manoa Valley：University of Hawaii, 1975.

每月800~900担，而最高产者每月可达10 000担；而咸度较低的黄卤，平均每月产量800~6 000担。也就是说，盐井凿得越深，获取高质量卤水的概率就越大，食盐煎烧的生产效率就越高，因此，即使盐井开凿需要几年、十几年甚至几十年的时间，人们依然会前仆后继地不断深挖下凿，只为求得高浓度的卤水。

除了时间消耗以外，盐井挖得越深，对资金的需求也就越大。土地基址固然为盐井开凿提供了重要的物质基础，但盐井的深度也对资金的投入提出了苛刻要求。若没有资本的运作，土地和劳动力就无法结合，盐井也无法维持长时间的开凿。换言之，盐井凿办虽然见功后收益很高，但前期需要投入大量的资金，且摆脱不了如影随形的高风险。据《四川盐法志》记载，19世纪中叶，开凿一口盐井的基本费用大约为一百万两白银。因此，没有足够的资本是不可能凿井成功的，而即使投入了巨资，耗费了数十年光阴，也不一定就能保证盐井开凿成功。自贡历史上并不乏凿井深度深达1 000米却仍未能产出足够卤水的事例。若不想弃井，唯一的办法还是只有继续投资往下挖。因此资本的重要性不言而喻。但如何聚集资本呢？很显然，一个人的财力不足以支撑盐井开凿的巨大开支，即使以家庭为单位，在清初的自贡也没有哪个家庭拥有可以独立凿井的资财。那么自贡盐业的凿井资金从何而来呢？是否有一些金融机构可以为盐井开凿提供资金支持呢？

2.4　发展缓慢的金融机构

金融体系中的资金流动可以分为直接融资和间接融资两种。直接融资是指货币资金需求者与货币资金供给者直接发生信用关系，即借款者通过向金融市场里的贷款者出售金融工具，直接从后者手中获取资金。间接融资是指货币资金需求者与货币资金供给者间接发生信用关系，即通过金融中介机构来实现资金的转移。金融机构就是专门从事金融活动的组织，是指以货币资金为经营对象，从事货币信用、资金融通、金融交易及相关业务的法人机构，如商业银行、保险公司、证券公司等。

在当代社会经济中，金融机构的重要性不言而喻。除了聚集资金以外，金融机构不仅能降低交易成本、为客户提供更加便捷灵活的流动性服务，还可以分担投资者的投资风险，减少信息不对称所带来的逆向选择问题和道德风险。对于公司而言，金融中介机构往往是比证券市场等其他市场更加重要的融资来源，比如商业银行发放的贷款等。

2.4.1 钱庄与票号

商业银行无疑是当今金融体系中最重要的金融机构之一，而类似商业银行的钱庄、票号等金融中介机构在清代的自贡也同样存在，并且与盐业发展息息相关。自贡地区的钱庄、票号可谓是应盐业发展之需而生，随盐业发展之盛而长。"自流井钱庄，远肇于前清雍、乾之际"，当时正值自贡盐业复苏之际，新开盐井灶口数量增长，对资金的需求量随之增大。开井成功后高额的利润也吸引了大批陕、晋、闽、粤、黔等外省商人前来投资凿井办灶，其中尤以陕西商人数量最多。今天的自贡市盐业历史博物馆的前身便是陕商云集往来的西秦会馆，雕梁画栋之中，尤可窥见当年陕商风采。自贡地区最原始的金融中介机构典当行，如"恒福""裕康"等当铺，也是陕西商人率先创办的。当铺调节金融的手段单一，俗称放高利贷，也兼营银钱兑换业务。随着自贡地区盐业不断发展，山西、江西、江苏商人也愈发活跃，在当铺之外，又开办了钱庄和票号。到了19世纪中叶，自贡地区最知名的金融中介机构，应数陕西商人开办的"晋丰恒"和山西商人开办的"四大亨""宝丰隆"。

除了外省籍商人开办的金融中介机构以外，自贡本地的盐商也因自身经营的需要，开办了盐号、钱庄和票号。和外省籍商人不同，自贡本地盐商开办金融机构的资本主要是井灶盈利的产业资本，而非商业资本和高利贷资本，所以其所创办的金融机构的业务，也是以凿井成功后的盐业生产经营为轴心运营。如咸丰年川盐济楚期间，自贡商人王朗云开设了"广生同"盐号，为方便中途运销，又于长江沿岸宜昌、沙市、洋溪等地分别设立分支机构，经营银钱兑换和存放业务。此后，王三畏堂开办的"广生公"钱店、李四友堂组织的"祥兴泰"盐号皆属此类。

总体而言，清代自贡地区的金融中介机构虽然业务内容各有侧重，但主要集中在以下三个方面：

一是兑换业务。由于明清两代都是以银两、制钱作为平行本位，所以银钱兑换成了当时金融机构最普遍的业务。

二是汇兑业务。因为卤水成盐之后要沿长江而下销往规定岸口，运输路程较长，因此川、渝、鄂等沿途各大口岸都设有钱庄、票号，办理汇兑和结算等业务，以方便商户。

三是存款业务，且以整存零取居多。商户通常先存后取，将资金作为日常开支之用。

有学者认为，清代的钱庄、票号也和今天的银行一样，在吸纳存款之后会发放贷款，且以贷款商户固定资产的 80% 为信用额度上限①，但是笔者未在契约档案中发现钱庄、票号给地主或者投资者贷款办井的相关凭证，反倒是在"官运局"这一政府机构的档案中发现了一些蛛丝马迹，下文将专门论述。此外，清代自贡的钱庄、票号等，除了开展金融相关业务以外，还兼营副业，利用吸收的存款囤积米粮等物品，随时待价而沽。这说明当时的金融中介机构在专业分工方面还不够成熟和完善。

综上可知，金融中介机构在清代的自贡地区已经应盐业发展的需求而存在，而且在货币资本的集中、流转、调剂和平衡等方面起到了不可忽视的作用，促进了自贡盐业的持续发展。然而，这些金融机构的职能并不够完善，与现代商业银行相比，最大的区别在于，贷款业务占比小，提供贷款并不是当时的主要业务。显而易见，这些金融机构的运作重心只覆盖了盐井开凿成功之后的业务，提供给盐业运输和销售的金融支持远远大于提供给盐业生产的金融支持，尤其无法满足盐井开凿过程中的融资需求。造

---

① 宋良曦. 自贡地区的钱庄、票号与盐业发展 [J]. 盐业史研究，1994 (2)：13-22.

成这种状况的原因主要有两个：第一，自贡盐业盐井开凿的资金需求巨大，以当时金融机构的能力，无论是钱庄还是票号，都无法提供如此巨额的贷款。上文已述，当时金融机构的存款业务多是商户的整存零取业务，个人存款和零存整取都比较少，所以也吸纳不到足够的存款去支持贷款业务。第二，盐井开凿的贷款人也无法提供相应的抵押物。自贡盐井凿办的投资者中有很大一部分是外地投资者，他们在自贡根本没有可抵押的资产，因此金融机构即使有能力发放贷款，也绝对不可能愿意承担相应的违约风险。因此，我们可以认为，在自贡盐业的盐井开凿这一环节上，清代的金融机构在融资上是缺位的。

2.4.2　官运局

除了各种钱庄、票号之外，现存的档案资料表明，在自贡地区，官运局这一政府机构，也扮演了部分金融中介机构的角色。由于钱庄、票号的贷款能力太弱，官运局也相应地承担了现代金融中银行发放贷款的职能。

官运局是清末盐政"官运商销"的运销体系中重要的机构之一，于光绪三年（1877 年）正式设立于四川。作为省一级的盐政机构，官运局的机构设置以全省盐务总局为中心扩散至地方，在各个盐场和销岸都设有场局和岸局，分别负责购盐、押运、发商等事务。所谓"官运商销"，就是指官运局作为政府机构，直接组织和负责食盐从盐场到对应销岸的采购、运输和批发业务，并将运输成本和生产税之外的其他课费摊入盐引成本，就岸招商认引、缴本领盐于岸区售卖的运输销售模式。

官运局的设立，彻底扭转了盐引滞销、税厘锐减的局面，大大增强了四川地区的财政收入，同时也规范了盐运体系，使生产商和经销商各得其利，促进了川内各地区的盐业生产。由于负责盐引分销，官运局无形中累积了一定数量的资金，因此在政府机构之外，又衍生出了金融机构的职能，即向井户、灶户发放贷款并收取利息。笔者在此以宣统二年（1910

年）的一份官运局借贷文约①为例：

具领借土地灶今于（空白）与领借生息：事实领得恩局发下生息代完炭厘银两项内厂平银一千两整，每两每月认息一分五厘，其息每年按午、秋、腊三关照缴，其本暂以三年为率，由局主查看情形仍系殷实再行照转。如有拖欠，除将自业变缴外，如不敷数，并为互结人等摊赔，中间不虚领借是实。

宣统二年九月，俱领借土地

上述档案记录了一种典型的借贷活动。官运局虽然在实践上扮演了部分金融机构的角色，对自贡盐业发展也产生了积极的影响，但其依然无法满足自贡盐业盐井开凿的融资需求，原因如下：首先，官运局成立时间较晚，在其设立之时，自贡盐业的融资金融模式已经形成，官运局的作用更多是锦上添花。其次，和钱庄、票号一样，官运局凭一己之力无法提供足够的贷款资金。根据档案材料内容，即使提供贷款，官运局的贷款也全部都是提供给已经凿井成功并开始顺利投产的井灶，从未见到有提供给正在凿井过程中的盐井，官运局在盐业金融活动中的局限性由此可见一斑。然而，劳动人民在实践中的智慧无法估量，正是因为金融机构贷款融资缺位的窘境，才最终促成了自贡盐业经济独具特色的金融模式的形成。

2.5 本章小结

自贡得天独厚的地理位置和环境，使其成为我国井盐生产史上的一枝独秀。从简单协作到工场手工业，自贡盐业在四川乃至全国盐业发展历程中都占有十分重要的历史和经济地位。盐井的开凿是盐业生产的第一步，而盐井能否开凿成功，除了受土地位置、工匠、技术等各种因素的影响之外，还受资本影响。生产关系不断适应生产力，其实也是一个累积资本的

---

① 自贡市档案馆藏，档案号：1-1-22-23。

过程。没有足够的资本，就无法将上述所有因素组织在一起，而若想聚集起足够多的资本，则必然需要一定的金融保障。金融机构的融资功能在清代的自贡是明显缺位的，当时的钱庄、票号等机构都无法给盐井开凿提供足够的资本。按照金融规律，在不能自足也无法借贷的情况下，必然会出现一些特殊的金融模式将众多零散的资金联合在一起，共同发挥力量，共同承担风险，而资本则通过这种特殊的金融模式将土地、劳力和技术有效结合起来，提供强大的资金支持，不断推进自贡盐井开凿的顺利进行。现存的自贡盐业契约档案，便是200余年前自贡盐井开凿中金融思维、金融智慧最生动的展现与还原。

3 自贡盐业盐井凿办契约的金融解读

关于自贡盐业金融模式的研究是以历史档案为基础的研究，自贡盐业契约档案有其自身独特的文本规范及行业术语，因此对现存契约档案的精确解读也是本书研究的前提。除精湛的凿井技术外，自贡盐业还有一个发明创造，就是以经济金融为核心要素的契约股份制。这种股份制，自18世纪中叶至20世纪中叶，普遍存在于自贡盐业，成为自贡盐业盐井开凿以及后期组织生产的重要制度。

3.1 开凿井契约关键词解析

开凿井契约是指地主与投资者签署的关于盐井凿办的契约。井盐的开采不同于池盐或海盐，其过程具有鲜明的行业特征：高投资、高风险、周期长、回报慢。因此，在自贡当地，很少有人可以以一己之力成功开凿盐井。然而与高风险相对应的，盐井开凿成功后丰厚的收益又让拥有土地资本的地主和拥有货币资本的投资者魂牵梦绕，当独资的成功率微乎其微时，地主和投资者的合伙便成为历史的必然，而独具特色的自贡地区盐业开凿井契约，则象征着双方合伙的起点。

3.1.1 开凿井契约中相关名词释义

为了更清楚地在后文中对自贡盐业金融模式进行分析，这里先以同治六年（1867 年）的天源井开凿契约①为例，对自贡开凿井契约的习惯用语及格式内容进行解析，以勾勒出一个自贡盐业契约的基本框架，便于后文进行深入探讨：

立承佃井文约人王绪礼、周玉春、陈永盛，今凭证佃到王书元五房人等置基业地名五家坡业内王修伦名下菜子田内，开盐井一眼，更名天源井，承办子孙基业，平地开凿。比日凭众议明，取租钱一百串文整，日后无还。井规照小溪二十四口：地脉六口、客人十八口，其有承首人浮锅三口，在六口内拨出，付与三人均分，各派一口以作费心之资，子孙永远管业。其有十八口开锅，该承首邀伙出资凿捣，不与地脉、浮锅相染。如井基、灶基、车基、柜房、财门、安笕安桶、过江、风蒇，以及牛棚、偏厦、抬锅运炭、倾渣放卤、取石取土、牛马出入，一切地基等项不明，一力由地主人承当。俟井成功，凡报市推煎、呈课注册、官前费用、迎神演戏、修立廊厂，概照二十四口均派。若始初修廊厂、大小木竹等项，照十八口派出，不与地脉、浮锅相染。其有基址菜子干田二块、腰塘一块、脚下水田一块，任随承首人修理，五房人等不得异说。无论水、火、油出二三口，除凿井费用有余，照式十四口均派；出至保满四口，始行分班。此系三家意愿，并无勒逼等情。空口无凭，立承佃井文约一纸，付与王五房等永远收存为据。

咸泉上涌　　　　　　　　　　凭中证人　钟永泰陈芳　　同在
　　　　　　　　　　　　　　　　　　周濛溪笔
同治六年腊月二十四日　　　　立承佃井文约人 王绪礼 周玉春 陈永盛

上述契约是一个典型的股份制契约，股权分割明确，同时又极具自贡地方特色，要完整地理解此类开凿井契约，首先需要对几个核心概念进行解析：

---

① 自贡市档案馆藏，档案号：3-5-4018-4。

（1）地主。

地主是指土地的所有者。地主在契约签订之前拥有完整自主的土地所有权与经营权。地主与投资人合作的基础，正是基于地主拥有的土地下可能存在可开发的卤水资源。

在自贡盐业经济中，地主通常被称为"主人"，上述契约中的主人也就是出佃人"王书元五房人等"。

（2）客人。

在自贡盐业经济中，投资人通常被称为"客人"，有的也被称为"客伙"。客人并不拥有土地的所有权，但可以提供凿井所需的大量资金，以此和地主形成契约关系。所谓"天下熙熙，皆为利来；天下攘攘，皆为利往"，由于凿井成功后的利益巨大，全国各地都相继有"客人"被自贡吸引，带着资金远道而来。早期，这些客人多是陕西商人。后来，人数逐渐增多，山西、浙江甚至福建、广东的投资者都不在少数。

上述契约中的"立承佃井文约人王绪礼、周玉春、陈永盛"三人，就是天源井的客人。

客人的资金主要用于盐井凿办最初阶段需支付的一笔底钱和凿井过程中产生的人工、设备、材料及相关日常开支费用。大部分的凿办资金由客人按月分期支付，被称为月费或使费钱。在凿办契约中，一般对客人需要按月支付的行为进行约定，仅有早期部分契约直接规定了具体的数目。基于《自贡盐业契约档案选辑（1732—1949）》，笔者对自贡市档案馆现藏的账簿进行考察后，认为对此的征收一般是建立在上个月开销的基础之上。该书所收录的客人每月所缴的票据即结票也证实了这一点。这些结票均为刻板印刷、大量印制。

（3）承首人。

承首人也称"承首""团首""承首办人"或"承首办井人"，是自贡盐业发展中一类极具特色的重要人群。承首人作为连接地主与投资者的纽带，可以"不出工本"，凭借"费心之资"获得盐井股份。"不出工本"是指承首人既不用拥有土地，也不用投入资金；而"费心之资"简要说来就是指承首人为开凿新井多方联络筹集股金、为地主与投资者牵线搭桥所得的报酬。承首人是一个动态发展的概念，其具体职能随着自贡盐业经济的不断发展而变化。关于承首人本质的辨析，笔者在后文中将会进行详细论述。

承首人并不一定是指一个人。在不同的契约中，承首人的数量不尽相同。在上述天源井约中，由"其有承首人浮锅三口……付与三人均分，各派一口以作费心之资……"可知，承首人一共有三位。

（4）堂。

通过对自贡盐业契约档案的梳理可知，自贡盐井开凿中的股东是由地主、客人、承首人三方构成。自贡的盐业生产对股东人数并没有严格的要求，最少2人，最多接近40人，大部分则在10到20人之间。而股东除了自然人以外，也可是以"堂"为单位的"企业法人"。随着盐业的不断发展，"个体户"以外的组织单位"堂"也在自贡兴起。如光绪二十四年（1898年）的源通井契约①中，投资人便是"梁三合堂"：

立出子孙永佃新开凿办水火油盐井井基地脉人王四德堂经手王龙光，今凭证将祖遗之基业一份，坐落地名凉高山黄葛湾，子孙永远出佃与梁三合堂名下，新开凿办水火油盐井一眼，立名源通井。

清代自贡的"堂"的性质类似于现在的合伙企业，只是"堂"多为家族企业。契约中的"经手人"，是指盐场事务的主要管理者，在契约中的性质类似于现在的"企业法人代表"。清代自贡最著名的"堂"共有四家，即王三畏堂、李四友堂、胡慎怡堂与颜桂馨堂，并称"老盐商四大家"。

（5）日份与锅口。

日份与锅口都是自贡盐业中股份的计量单位。自流井地区习惯按照每月30天把股本平均分为30份，每一股的单位被称为"日份"，也称"班""天"或"水份"。贡井地区则习惯将股本平均分为24份，每一股的单位为"锅口"或"锅份"，一共24锅。两地虽然对股份的称呼不同，但股份

---

① 《自贡盐业契约档案选辑（1732—1949）》第30号约。

设置和股权分配都严格固定在 30 股或者 24 股的框架之内，要么日份式，要么锅口式，且只能设置 30 天或 24 锅，不可增减。但在 30 天和 24 锅的框架内，又可按一定规则细分，30 天可分割为时、刻、分、厘、毫、丝等单位，24 锅口可划分为分、厘、毫等单位。

此外，根据股东类别的不同，其所获得的股份也有不同的名称。地主因为土地而获得股份，因此地主占股被称为"地脉日份"或"地脉锅口"。投资人因为投入工本资金而获得股份，所以投资人的占股被称为"客日份""工本日份""开锅日份"。承首人不出工本但因为出力费心而获得股份，因此承首人占股称为"浮锅日份""干日份""团首日份"。上述天源井约中"地脉六口、客人十八口，其有承首人浮锅三口，在六口内拨出"的意思，就是说"此井共有股份二十四份，其中地主占三份，投资人占十八份，承首人占三份"。

（6）押头银。

押头银即上述契约中的"取租钱一百串文整"，也称"押头""押山银""稳租钱"。押头银是开凿井契约中地主普遍向投资人收取的一定数量的货币资金，有的写明"日后无还"，有的规定"起板之日，主人还客押头"，也有的不做专门说明。上述天源井约中提及"日后无还"，即属于地主不会退还资金给投资人的类型。

（7）"水"与"火"。

"水"指卤水，"火"指天然气。由于自贡地区特殊的自然地理条件，其地层中同时蕴藏着盐矿和天然气两种资源，自贡也因之形成了以天然气为燃料，就地取材烧煎卤水制盐的传统。虽然多数盐井单产卤水，但如果运气上佳，也有部分盐井在同一口井中既可以开凿出卤水，也可以开采出天然气，这种二者并出的井被称为"水火井"。《自贡盐业契约语汇解释》中记载：雍正年间，富荣西厂水丰火旺，有水火井 31 口，而到 1942 年，则达到了 175 口。

遍读自贡盐业契约，不难发现每一份契约的最后都会落有诸如"咸泉上涌""水火并济""烈焰长荧"等字样，这些字样寄予了凿井人对卤水与天然气成功开采的美好愿景。在上述天源井契约中，结尾处也写有"咸泉上涌"，这一来表明了开凿者的美好期望，二来也从侧面说明这一地区附近的井应该都是只出卤水而不出天然气，因此开凿者并没有对"火"抱有过多期待。

（8）见功。

见功即开凿成功，是指盐井凿出卤水、天然气或者石油，俗语称之"水火油得其一者谓之见功"。见功又分为"见大功"和"见微功"两种情况。"见大功"是指卤水与天然气大量涌出，一般达到日产卤水 80 担、天然气 50 口，就可以视为井"见大功"。"见微功"则一般是指水火涌出但日产卤水低于 4 担、天然气低于 4 口，也称"井出微水微火"。通常情况下，"见微功"是"见大功"的前兆。井见微功后再继续下凿，不久便会见大功。

（9）分班。

分班也称进班、起班或者开班，是指井见大功后，地主和承首人根据契约规定，以享有的股份为单位开始分享盐井收益，但同时也需按照约定履行维修、保养等义务。分班是凿井成功、全井投产和股东分享股东权益的标志，但具体何时分班、如何分班，契约约定则不尽相同。在开凿井契约中，主客双方一般会对出卤水的数量进行详细的界定，如上述天源井约中就明确规定"出至保满四口，始行分班"；也有部分会约定俗成，以"见功""见大功"的字样概括，比如咸丰四年（1854 年）的同盛井退井约中，就记载"……蔡姓名下占每月客日份二十二天半，地主名下占地脉日份七天半，以井见大功为始……"此外，当井出微水微火时，但还未达到"见大功"的标准时，也有两种不同的分配方式。一种是收益全部归投资人所有，地主不得染指，如嘉庆元年（1796 年）的天元井约载："……井出微水微火，以帮做井使用，地主不得分班；至大水大火，停工住凿起推，二十四口各出使费……"[①] 另一种则是在扣除办井费用之后，如有盈

----

① 《自贡盐业契约档案选辑（1732—1949）》第 18 号约。

余，所有股东均分，如上述天源井约载"无论水、火、油出二三口，除凿井费用有余，照式十四口均派"。

就分班的具体形式而言，在清朝早期的时候，分班是指主客双方在一个月内的不同时间段中分别煎烧，如咸丰七年（1857年）亨通井约载："……三十天日份，主人每月推地脉昼夜水火（份）六天，上节每月推工本昼夜水火份三天，下节凿井人等每月分推昼夜水火份二十一天……"很明显，这里的地主与投资人是分别煎烧生产的，在不同时间段内的产出和盈利归不同的股权所有者，主客双方可能共用同一套生产工具或者雇同一批技术工人，但并没有像我们通常理解上的那样统一生产再根据总产量和盈利分红。显而易见，这种双方分别煎烧的生产方式并不符合生产力的发展规律，也不能满足双方利益最大化的需求。原因如下：首先，盐业的生产连续性极强，各道工序环环相扣、衔接紧密，主客双方的交接不仅浪费时间而且会打断生产的流畅性、扰乱生产的正常节奏。其次，双方分别煎烧很容易造成双方都片面追求自身利润、只注重短期经济效益、急功近利的情况。井盐的开采与生产是一个长期过程，井腔井壁需要经常维护，生产设备需要修缮和更新，而主客双方分别煎烧会导致维护的责任划分不清，双方在各自的分班时间内竭泽而渔地耗费生产资源和工具，缩短了盐井的寿命。随着盐业不断发展，生产者也逐步意识到分别煎烧的弊端，因此清朝中后期，尤其同治以后，"分班"一词逐渐被"地主进班"代替，其实践形式也从主客双方在不同时间段分别煎烧，演变为"各按日份分享权利，主客相商量合办"①，也就是我们今天普遍采用的统一生产和按股份分红的方式。

3.1.2 开凿井契约类型释义

（1）新凿井和复淘井。

盐井的类型按照其投资时的初始状态的不同可以分为新凿井和复淘井

---

① 《自贡盐业契约档案选辑（1732—1949）》第17号约。

两类：新凿井是指投资者与地主签订契约时，该土地内尚未存在盐井，盐井为第一次开凿；复淘井则是指签订契约时，地主的土地上已经有开凿过的井眼存在，但由于各种原因此盐井并未涌出卤水或出水甚微已经干涸荒废，于是地主又与新的投资人重新签约整治下淘。

地主与投资人签订的新凿井契约被称为"出山约"或者"过岗契"，如在上述天源井约中有："立承佃井文约人王绪礼、周玉春、陈永盛，今凭证佃到王书元五房人等置基业地名五家坡业内王修伦名下菜子田内，开盐井一眼，更名天源井，承办子孙基业，平地开凿……""平地开凿"四字便说明这是一份出山约，此井为新开凿的盐井。

地主与投资人签订的复淘井约被称为复淘约。复淘井无论是对荒井、废井的复淘，还是对半途而废的盐井继续下淘，主客双方都会在复淘约中清楚写明"复淘"二字，比如同治八年（1869 年）的洪海井约[①]："立承佃井基文约人车宝源、程爱山，今凭中证，佃到王书元名下置买坵圹五家坡坐宅厂坝边连下水田三节，复淘井一眼，更名洪海井……""复淘井一眼"就明确指出了是复淘井而不是新凿井。

（2）年限井和子孙井。

按照主客双方所持有股权和享受股权收益的时间限制分类，自贡盐井又可以分为年限井和子孙井两种。

年限井顾名思义就是地主与投资者双方合作开凿具有时间限定的井。年限井又称"客井"，自贡民间有一句形容年限井模式的俗语流传甚广——"客来起高楼，客去主人收"，指的就是在约定的时效到期后，投资者必须无条件将所占的股份以及契约约定的廊场建筑交还给地主，并不再享有与盐井相关的任何收益。而相应的，在年限期满之后，地主可以无偿回收占有投资者之前所持有的股份，并对盐井的未来的生产经营和买卖、租赁等事宜任意处置。

在年限井契约中，主客双方必然会对客人所持有股权的时限和享受投

---

① 自贡市档案馆藏，档案号：3-5-4017-21.

产收益的时限做出严格规定，以嘉庆十二年（1807 年）的万丰井约①为例（见图 3-1）：

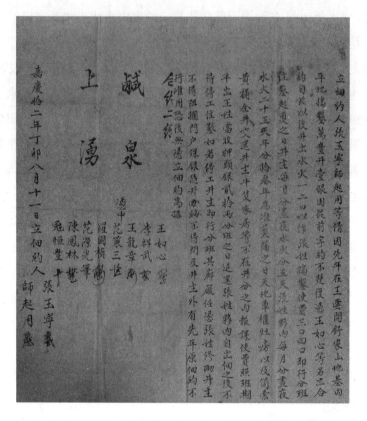

图 3-1　万丰井约

立佃约人张玉宁、师起用等，情因先年在王云开舒家山地基内，平地捣凿万丰井一眼，因从前字约不楚，复凭王如心等另立合约。自兹以后，井出水、火一二口，以作张姓捣凿使费；三口四口即行分班。住凿起煎之日，井主每月分昼夜水火分五天，张姓伙内每月分昼夜水火二十五天。年份十三年为准，煎满之日，天地车、柜灶房以及筒索、黄桶、全井交还井主……

① 自贡市档案馆藏，档案号：3-5-4016-10。

上述契约中明确约定，投资者享有股权收益的时间以"年份十三年为准"，超出 13 年之后，不但不能再持有股份参与分红，还要把"天地车、柜灶房以及筒索、黄桶"等不动产交还给地主，并从此完全退出盐井的生产经营。

据同治年间《富顺县志》记载，年限井一般期限在 12~20 年。年限井契约多发生在开凿井所需资本相对比较少的情况下，因为盐井开凿投入的时间和资本越多，客人显然越不愿意接受持股时间限制。在清早期，虽然开凿井技术和生产力处于一般水平，但自贡地区地表浅层卤水资源较为丰富，盐井开凿深度一般不会超过 1 000 尺①，开凿成本也相对较少，因为年限井还是非常具有吸引力的，可以吸引到必需的资本。

随着盐井开凿越来越深，管理越来越精细，投入的货币资本也越来越高昂，客人们也越来越不愿意接受有年限收益限制的凿井契约条件。到道光三十年（1850 年）左右，自贡地区已经可以开凿出深度超过 1 000 米的黑卤井，据《川盐纪要》记载，一口 800 米深的盐井，开凿的成本为四五万两白银②。凿井深度的普遍增加意味着盐井的开凿成本在急速上升，为了更好地保护客人的利益，越来越多的盐井的开凿前提变成了土地永续租佃，即所谓的子孙井，表明地主与他的土地彻底分离。

子孙井，顾名思义，就是如上述天源井约中注明"子孙永远管业"的井。这里的"子孙"，包括了所有股东，即地主、投资者和承首人的后代。子孙井和年限井一样，都是由地主提供凿井和盖厂房的土地基址，与客人各占一定比例的股份，但区别在于，在凿井成功之后，投资者所占的股份是没有时间限制、永久有效并且可以传给自己子孙后代继承的。相对于年限井而言，子孙井是一种更加长期的合作体制，因为存续时间长，所以其股东更替更频繁、股东数量更多、股份划分更细。

---

① 1 尺约等于 33.33 厘米，下文同。
② 林振翰. 川盐纪要 [M]. 上海：商务印书馆，1919：247-248.

年限井与子孙井是两种不同的合伙模式，从现存契约档案数量上看，自贡盐场子孙井所占比例要大大高于年限井，尤其道光之后，子孙井更是成为主流。年限井与子孙井到底是独立的两种方式还是并行的两种方式、二者之间是否具有时间上的递嬗关系，学术界尚有争议，但无论采用哪种合伙模式，一定都是既受自贡盐场总体经济形势、资金和井基供求关系等宏观因素制约，又受井基的具体地理位置、投资金额的多少等微观因素影响，因此必然是主客双方基于自身利益最大化下的综合博弈结果。

3.2 上下节契约关键词解析

除了开凿井契约以外，在现存自贡盐业契约档案中还有相当重要的一类，称为"上下节"或"上中下节"契约。这类契约没有地主参与，仅在客人与客人之间签署，是自贡盐业作节制度的直观体现。

3.2.1 上下节契约中相关名词释义

这里先以光绪十五年（1889 年）的海生井契约①为例，对上下节契约中的关键字进行阐释和解析，以便于后文对作节机制的理解和论证：

立出丢下节子孙井份文约人承首颜桂馨占锅份十二口，姚寅甫二口，张富成二口，余成章一口，汤洪有一口，王梧岗一口，李鼎元一口，林万选一口等，先年在小溪圫埧张爷庙会业内，地名石板田复淘盐井一眼，更名海生井。依小溪厂规，照二十四口分派：主人占地脉三口，客人占开锅二十一口，出资锉井。因众伙乏力，齐伙等商议，愿将二十一口请凭中丢与严积厚晋丰灶名下出资锉捣，二十一口上节不出锉费。俟井见功之日，上节颜桂馨伙等占水火油锅份十口半，下节严积厚等占水火油锅份十口半。如井出微火、微水等，除缴有余，即该二十一口分派。倘井见大功开

① 《自贡盐业契约档案选辑（1732—1949）》第 45 号约。

班以后，如井老水枯，复行下锉，仍照二十一口派逗工本，其有天地二车、碓房、车房、牛棚、楻桶①、房屋一概俱全。凭证议明：下节当补还上节廊厂银二百两、押底银二百两整，均九七平漂色交兑；井见大功开班之日，上节只还下节押底银二百两整，廊厂银不还。自丢之后，锉捣下脉，不得上开停工住锉；如停工住锉三个月，任随上节接回，或自办、外丢，下节不得言及锉费、廊厂押底银等语。至于上节恐有账各情，不与下节相涉，上节自行理落。今恐人心不古，特立承、出二纸，各执纸存据。

减泉上涌　　　　　　　　　　　中证 卢光亭 李全发 江一清

水火既济　　　　　　　　　　　　　　　　　　　　刘泽光笔

立出丢井份文约人　　颜桂馨 姚寅甫 张富成 余成章 王梧岗 李鼎元 林万选

　　　　　　　　　　　　　　光绪十五年岁次己丑二月十三日立

　　余成章于光绪十七年十二月十二日，将己名下所剩占泰生井锅份半口，绝顶与蔡席珍名下管业。夏荣光代笔。

　　（1）上节。

　　上节是指最初参与开凿井投资、与地主签订开凿井契约，并因为投入资本而获得股份的客人。他们或因盐井久不见功，又或因见功甚微，因而财力不济，无法再支持盐井的开凿，因此需要将自身持有的股份转让给他人，以保证盐井的继续开凿，直至见功。上述契约中的上节，即颜桂馨、姚寅甫、张富成等七人。上节客人资本耗尽，无力继续承办，便将部分股权出让，并留有少量股份，从而与地主一样不出工本享有鸿息。

　　（2）下节。

　　下节是指承接上节所转让股份并负责继续投入资金开凿盐井的人。上述契约中的下节即"严积厚"所有的"晋丰灶"。下节在获得股份后需要顶替上节继续支付凿井费用。下节获得的日分锅口往往多于上节，因为大家往往认为上节淘井浅，工程难度小，成本也就较少，而下节凿井深，工程难度大，成本也会相应较高。下节将继续投入资金，负责盐井凿办事

----

① 此处楻桶与前文中的"黄桶"均属于四川方言，指圆形大木桶，多用于盛水、盛粮食。

宜，将成为出工本钱的客人并因此享有收益。

（3）中节。

盐井开凿耗资巨大，很多时候一次股权的转让并不能筹措到足够的资金。如果下节接手继续出资后，盐井依然没有见大功，下节与之前的上节一样无力支付凿井费用，只能再次将手中股份转移给其他人，那么此前的下节就变为中节。

（4）出丢。

出丢是指上节向中节、中节向下节转移股份的行为。在自贡盐业经济中，"丢"有两层特殊含义，使其不同于下文的"顶"：首先，虽然都是股份的转移，但"丢"特指在作节过程中，上节向中节、中节向下节转移股份。其次，"丢"不同于卖，因为上节并不能因为出丢股份而获得资金。在上述海生井契约中，"立出丢文约人"就是转让股份的上节；"因众伙乏力，齐伙等商议，愿将二十一口请凭中丢与严积厚晋丰灶名下出资锉捣"，就是说上节将二十一口股份转让与下节严积厚等人继续出资凿办。此外，出丢之后，原本盐井的经营管理权也会随之转移给（中）下节，部分契约中会清楚地写明这种经管权的转移，如黔川井约中就规定："自丢之后，任随下节办理，上节伙等不得干预。"①

（5）"顶"。

"顶"的含义有很多种。盐井股份的持有人把股份全部或部分出让，叫作"出顶"。这时，出顶是一种买卖行为。对下节的客人而言，出顶使他们有机会通过购买的方式取得投资凿井的机会和凿井见功后的股权收益。"顶"可以是股权的让渡，是在凿井过程中的股权转让；也可以是凿井见功后整口井的买卖，当然，这种情况比较罕见。出顶又包括绝顶与摘顶：摘顶意为部分出让；而绝顶表示全部出让，绝顶后上节不再对此井享有任何权利。绝顶又称杜顶，上述契约最后"余成章……将己名下所剩占泰生井锅份半口，绝顶与蔡席珍名下管业"，就是指余成章将自己所占的

---

① 见《自贡盐业契约档案选辑（1732—1949）》第 54 号约。

泰生井的所有股份全部转让给了蔡席珍，同时放弃了泰生井相关的所有权利与收益。

（6）顶价。

顶价又称顶价银，是下节向地主或上节支付的租费佃价。因为地主或上节与下节均享有股份及其未来收益权，所以该类款项实为前期工本费的补偿。下节于交付价款时，通常会设有交付条件，即便已经交付，该款尚可约定为凿井前期的质量瑕疵担保，借此充分保障下节权益。此外，顶价银一般作为继续下凿的用度开支，地主或上节不得随意使用。

有关顶价的契约，如中华民国时期的丰来井约中就有约定："……若井深不及二百丈，将主人顶价银扣作锉费，总以锉至二百丈为限。缴用若干，如顶价不够，日后将（主人）十二天鸿息扣还下节。"①

3.2.2 作节释义

上述海生井契约所体现出的上中下节之间的资本接力，就是作节。作节是自贡盐井开凿中独树一帜的融资机制。清人吴鼎立在《自流井风物名实说》（1871年）中对作节有着较为详细的记载：

或井久不见功，抑或仅见微功，尚须往下捣锉，有力不能逗钱者，即将所占日份、锅份出顶与人，即名为上节，承顶人即名为下节，以后做井工本归下节派出。或将钱绝顶，日后此井成功，上节不得分息；如未绝顶，上节工本未经收回，日后成功时，上节有仅归工本若干者，有与下节人各分一半鸿息者，有上节仅分二三成，下节多分至七八成者——盖上节捣井浅，费本无多，即少分鸿息；下节捣井深、费本甚巨，即多分鸿息。

如井久不成功，下节力又不支，转顶与人接办，则前此之下节作为中节，现在出钱锉井人为下节；井成时中节亦有归本若干者，或共分鸿息者。

或同井俱无力前锉，二十四天、十八口概行出顶与人做下节，提留上

---

① 《自贡盐业契约档案选辑（1732—1949）》第51号约。

节工本日份或一半、或数天、或数口，上节人等所得提回日份，仍与前伙照二十四天、十八口分派鸿息。其井若合伙人多则力每不齐，辗转出顶上、中、下节不一而足，兼之年久则人愈多而难清理。其已经出顶井份之合同，则为故纸。

由上述记载可知，作节的具体做法，就是在原有客人无力维持凿井费用时，邀约其他新客人参与投资，让渡部分股权给新客人，提留若干股份给自己。从此，原有的客人不必再出凿井使费，而凿井需要的资金和凿井的管理都交由新客人负责。盐井开凿耗资巨大，投资者为了解决财力不济的问题，便创造出作节制度，并将其广泛运用于自贡盐井开凿井股权关系中。正是由于作节制度的存在，自贡盐业经济才得以蓬勃发展。

3.3 自贡盐井凿办契约的融资关系演变

盐井开凿是一种土地、资本和劳动力三者结合的经济活动，如果只凭地主一己之力，或者一个家庭的力量，只能开凿大口浅井，绝对无法开凿高收益的小口深井。卓筒井这一技术创新，沿革到了清代已经成为自贡盐业的普遍生产方式。换言之，凿井对资金的需求也大大增加，以家庭为单位几乎不可能拥有足够的独立凿井资金，这使地主和投资者的结合成为必然。

盐业具体而言，可分为生产、运输、销售三大部分，开凿盐井是生产的第一步。清初的四川经历战乱尚很贫瘠，因此盐业发展也需要外籍商人和移民的资本与技术输入。建造于乾隆元年（1736 年）、现存于自贡的西秦会馆就是外来资本留下的历史脚印。大批的陕西商人在 19 世纪初已经成为自流井商业的主要供应者[1]。然而，尽管外籍资本在自贡盐业的发展过程中起到了一定的作用，但资金大多数围绕盐业贸易和运输等商业活动流

---

① 宋良曦. 自贡地区的钱庄、票号与盐业发展. [J]. 盐业史研究，1994（2）：13-22.

动，而不是自贡盐业生产性投资的来源①。如果大量的外籍资本不是自贡盐业资本积累的来源，那么金融借贷又将扮演什么样的角色呢？银行业长期缺位被认为是影响我国从农耕社会向工业社会转型的重要因素，实际上，即便在银行业非常发达的近代西方，银行更多的也是提供可抵押的短期贷款。18 世纪之前，四川也存在当铺和钱庄这样的贷款机构，主要向私人家庭提供贷款；19 世纪后半叶，四川出现了一种新的金融机构——票号，其主要从事大城市间资金汇兑业务。但是这些机构都不提供低息的长期信贷。尽管每一类金融机构都对盐业整体发展做出了贡献，但没有机构可以在盐井开凿方面提供金融支持。迫于此局面，自贡盐业经过长期的摸索，在凿井融资方面终于形成了一套独特制度安排——股份制。

自贡盐业股份制是一种在实践中产生的极具地方特色的融资模式，但任何制度都不可能在一朝一夕之间突然出现，仔细查阅史料档案，不难发现土地入股的前身仍是土地租佃，下文将详细探讨土地租佃与土地入股，以阐明从土地租佃到股份制的转化过程中地主与客人双方投资结构的变化。

3.3.1 凿井契约与地租

在自贡，传统的大口浅井因为凿井所需资金较少，所以可以由地主全额出资在自己的土地上开凿完成。但是卓筒井这类小口深井，开凿所需资金巨大，仅依靠地主自身的力量是很难完成的，因此，由更为有钱的客人出资租佃土地凿井的形式就出现了。

土地租佃是我国古代一种十分常见的投资形式，早在宋哲宗元祐元年（1086 年），史料就有关于租佃土地凿办盐井的记载："山泽之利，莫过井盐。向者有司于课税之外，更使一井岁输五十缗，谓之'官溪钱'……"②

---

① 罗成基.陕商在自贡盐厂的起落［M］//彭泽益，王仁远.自贡盐业史国际学术讨论会论文集.成都：四川人民出版社，1991.

② 自贡市档案馆，北京经济学院，四川大学.自贡盐业契约档案选辑（1732—1949）［M］.北京：中国社会科学出版社，1985：30.

这里的"缗"是货币单位，一千贯为一缗。而"官溪钱"就是指官府向办井人收取的土地租金，"官"字表明这里提到的盐井是在官府所有的溪内土地上凿办的。与官溪钱一样，当投资人希望在私人所有的土地上投资凿办盐井时，他们最初采取的也是租佃的方式，并且会签订正式的租佃契约。

在我国传统历史中，正式的契约往往被作为家庭财产、婚姻关系以及土地转让的约定和判定依据。在自贡盐业发展初期，客人通过租佃契约的方式获取地主土地，契约的格式和用语大部分与田契相同。在清代，土地的买卖是合法的，所以采用租佃的方式并不是因为政府禁止土地买卖。事实上，井基土地买卖的投资方式也是存在的，地主通常会以高于一般农耕用地的价格让渡土地所有权，只是这种形式相对较少，仅流行于今四川乐山、绵阳等地。在当时相对有限的开凿井技术条件下，采用土地租佃的方式可以比买卖更有效地把没有资金的地主和在凿井地区没有土地的客人结合起来。一方面，对于地主而言，无论盐井开凿是否见功、见大功，地主都可以通过出租土地获取稳定的租金收入。这种租金收入既可以弥补土地用于盐井开凿而损失掉的耕种收入，又不会受到开凿井进度和卤水产量起伏的影响。另一方面，对于客人来说，采用租佃的方式也是有利的。相对于土地买卖，土地租佃显然更有利于客人节约凿井使费之外的费用，特别是在资本非常匮乏的清初，租佃还可以降低客人的投资风险，若在租期内不见功或只见微水、火，客人可以在租期到期时不再续租，以避免买断后持续持有造成的持有成本。

此外，早期井基租佃的对象范围，也不是一次性租佃整块盐井开凿和全部配套设施用地，而是由分别租佃各道制盐工序所需要的小块土地，慢慢扩大至囊括生产全过程的综合用地。这些制盐工序所需的小块土地，涵盖甚广，大到烧煎卤水用的灶房，小到堆放碳渣用的角落和牛喝水的水槽，无一不在其列。分租制的痕迹，在现存乐山地区的部分契约档案中仍可找到，比如 20 世纪 40 年代的渣租约①和路租约②。但在分租制下，不同土地，不同价格，手续实在过于烦琐，不利于整体生产，因此经过长年的发展，分租变成土地的整体统一租佃，所租佃的对象和范围也固定成一整套术语，出现在盐井凿办的契约文书中。这些术语直到进入股份制后，也没有发生变化。比如，上一节天源井契约中的"如井基、灶基、车基、柜房、财门、安笕安桶、过江、风蔑，以及牛棚、偏厦、抬锅运炭、倾渣放卤、取石取土、牛马出入，一切地基等项不明，一力有地主人承担……"，这表示地主必须负责提供所有盐业开凿和生产有关的土地。

综合以上种种因素及史料记载，我们可以推断清代以前早期自贡盐业开凿采用的是租佃形式。租佃形式更有利于保证地主利益，从这点来说，在自贡盐业开凿井初期，力量的天平向地下藏有丰富卤水资源、运气好的地主倾斜。土地租佃的形式，有助于鼓励地主将农业用地变成盐井开凿所用的非农业用地，地主不需要任何资本就可以以商人身份进入盐业。地主不仅可以获取盐井开凿见功时的固定租金，待到租佃到期时，还可以拥有盐井及其生产相关的天车、地车、天地滚子、灶房、柜房等设施③。在自贡几大盐业家族中，如王三畏堂的王郎云等起初都是以地主身份出现在自流井和贡井，通过出租家庭土地开凿新井，从而开启盐业发家史的。

自贡盐业开凿井的井基租佃，源自有着悠久传统的农业土地租佃，主要采用固定租金制。租金又采用实物和货币两种形式。在大多数情况下，要求客人缴付押租。租金的支付形式和押租的存在导致盐业租佃和传统农业租佃有所不同。为了保证客人在租期内投资的稳定性，地主逐渐失去了传统农耕租佃对土地的责任和权利。地主对已租佃土地的干预能力越来越弱，更多享有的权利是收取租金。就自贡盐业而言，19 世纪 20 年代黑卤水和天然气的发现，全面提高了富荣井盐的产量，个别开凿见功的盐井产量更是突飞猛进，地主们不再满足于事先订立的固定租金，希望更多地参

① 乐山地区档案馆，档案号：69-3-1742-112。
② 乐山地区档案馆，档案号：69-3-1742-112。
③ 《自贡盐业契约档案选辑（1732—1949）》第 97 号约。

与盐井开凿活动。在这种背景下，盐业租佃租金开始从固定制向分租制转变。这些转变在清代留存的档案中仍能寻到蛛丝马迹。例如在清光绪十二年（1886年）的一份契约中，戴同德在乐山一块租佃的土地上凿办了四眼井，他仅向盐井所在地的地主支付了十两押租，但出让盐井产量的1%给予地主①。在另一份光绪三十三年（1907年）的井仁盐场凿井合约中，客人们只向地主每眼支付了六串铜钱的押租，但约定盐井一旦投产，每生产100担盐，要缴付地主铜钱500文，另外，每眼井每年要缴付50斤盐②。相较土地租佃而言，租金分成制是盐井发展中出现的一种过渡形式，它很快就被股份制替代。在股份制这种更加高级的形式下，土地、资本、技术以及管理能力将按照各自的贡献和重要性，依比例分享盐井收益。

3.3.2　凿井契约与股份制

自贡地区现存最早的开凿井契约是同盛井约（见图3-2），签订于1779年，签订者为自流井的地主王静庵与投资人蔡灿若。契约内容如下：

立凿井合约人蔡灿若等，今凭中佃到王静庵名下已填如海井大路坎上地基一埠，平地捣凿同盛井一眼。比日言定：王姓出地基，蔡姓出工本，井出之日，地主每月煎烧七天半昼夜，蔡姓等每月煎烧二十二天半昼夜。倘井出腰脉水一二口，以帮捣井人费用，如出一二口外，地主愿分班，同出工本，以捣下脉。俟井出大水之日为始，蔡姓等煎烧十一年为率；倘若出火，亦照股均分。其有天地二车、灶房、廊厂，报开呈课，照股摊认。蔡姓煎满年份，天地二车、廊厂尽归地主；至于家具物用，验物作价。

———————

　　①　自贡市档案馆，北京经济学院，四川大学.自贡盐业契约档案选辑（1732—1949）［M］.北京：中国社会科学出版社，1985：39.

　　②　自贡市档案馆，北京经济学院，四川大学.自贡盐业契约档案选辑（1732—1949）［M］.北京：中国社会科学出版社，1985：39-40.

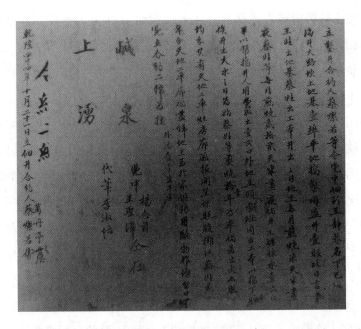

图 3-2 同盛井契约

依据上述契约，王静庵得到盐井总股份 30 份中的 7.5 股，蔡灿若得到 22.5 股。凿井的最初经费由蔡灿若承担，他将出售开始阶段的所有卤水，以补偿这些费用。一旦生产力达到了一定的水平（如上述档案中的 20~40 担），地主王静庵将加入，共同承担盐井达到可以全面生产即大水的成本支出。盐井建成后，地主和投资者将根据他们在盐井合约中所占的份额，享有利润和承担一切赋税及开支。该租约期限是 11 年，期满后盐井将归地主所有。同盛井反映了自贡盐业开凿投资的基本结构。地主主要贡献凿井及相关设施配套用地，通常称之为"一井三基"，即开凿盐井的土地、天车和天地滚子所占用地，大多数情况下，还有煎烧卤水的灶房用地。除用地之外，地主不需要提供任何凿井费用，主要由客人负责凿井使费，客人是构成自贡盐业凿井所需资金的投资群体。地主通过土地入股，客人通过资本入股，土地和资本共同构成了盐井生产的股东。

在自贡盐业开凿井契约中，地主和客人所占有的股份份额一般由当时的盐业生产力水平和地方盐业习俗决定，而不是由客人人数或者投资金额决定。地主的股份称为地脉股，客人的股份被称为工本股、客股或开锅股。根据习俗，在自流井盐场，大多数盐井股份总额被设置为三十股，而在贡井盐场大多数盐井股份总额被设置为二十四股①。这些股份在不同地区也有不同称呼，在自流井地区，股份单位多用班、天和日分表示，在贡井则多用口锅和水分表示，前者从时间的角度划分，而后者从产量的角度划分。就具体某个盐井而言，地主因土地入股享有的股份份额是固定的，而客人因资本入股享有的股份份额则会随着凿井过程中客人数量的增加而减少，比如分摊到每个客人的股份比例可能会从"日"下降到"分"，甚至"厘""毫"。但随着时间的推移，当土地和资本的相对作用发生变化时，地主和客人所占股份也会发生改变。在上述同盛井约的 30 股中，地主占有 7.5 股，客人占有 22.5 股，但到了 19 世纪初，股份分配似乎向利于客人的一边发生了轻微的倾斜，大多数 30 股的主客比例是在 5∶25 到 7∶23 之间（给予地主 20%～30% 的股份），而 24 股的分配多为 6∶18（给予地主 33% 的股份）。到了 19 世纪末，开凿黑卤井以及后来的盐岩井的高昂成本更是激励了对地主股份的蚕食，许多契约中地主的股份降至 15% 以下。

此外，在盐井出现少量的卤水和天然气，即井出微水和微火的情况下，地主不参与分红，盐井所得的收入普遍被作为进一步开凿下淘的费用②。梳理盐业契约档案可知在嘉庆二十五年（1820 年）以后，契约中对于何为"微水微火"的界定已非常明确，具体从所产气满足一口煎锅，到卤水或气能满足 2～3 口煎锅不等。微水和微火的出现，说明盐井开凿胜利在望，此时廊厂的汲卤设备等相关设施便可以开始建造。建造天车、天地滚子等设施是客人职责，尽管一些契约没有明确规定，但缔约方对此都心照不宣并无异议。19 世纪中叶，为了让客人可以利用微水微火的收益支付昂贵的设备费用和补偿已发生的巨额凿井费用，越来越多的地主选择了推

---

① 引自吴炜编纂的《四川盐政史》。
② 《自贡盐业契约档案选辑（1732—1949）》收录的 84 份凿井契约中，有 43 份提到利用微水微火支付凿井费用。

迟利润分红。当然，一旦井见大功，地主或地主股份的拥有者就可以正式进班，除非另有规定，进班后地主的权利和责任同任何其他股东一样。在清末，一些契约明确地主进班的标准是在盐井开始汲卤之时，而有的则规定要见大水或大火，还有些契约设定了见功的特别标准。当时，通用的标准可见于同治年间的《富顺县志》：井出卤水可供应四口锅，约合八十担。一旦达到此标准，有租佃限期的盐井将正式开始分红。到了中华民国时期，由于盐井生产能力和凿井成本都在提高而盐场地主的权势又普遍下降，因此见功的标准也大幅提高。

在地主进班后，凿井的任何支出都将由所有股东以 24 股或 30 股平均分担。这些费用包括盐井可能需要另行租用土地的租金、设备修缮费、若盐井干枯需要向下继续凿淘发生的费用、赋税、建牛棚、购买牛只、酬神、演戏等，总之几乎所有盐井开支项目，要从收入中扣除，然后再分配利润。到了 19 世纪中叶，建造设施的开支开始逐渐变成共同开支的主要组成部分，可见最初由客人单独承担的这项主要支出，也被添加到构成股东关系的众人头上。

从租佃到股权，土地的资本属性越来越明显。租佃更多表现为土地价值的农业属性，股份则是先由土地价值换算为对应资本，再参与盐井开凿过程。在这个动态演变的过程中，势力的天平开始从地主向客人倾斜，土地作为既定的资本，价值上升的空间有限，资本在盐井开凿过程中所扮演的角色则越来越重要。在自贡盐业开凿井契约中，我们也可以观察到这种地主地位的微妙变化。早期契约中使用"分班"一词，无论是从最初在每月一定天数内推汲卤水，还是到后来统一推汲并分配卤水，都表明地主所享有的盐井利润和权利与客人是对等的。但"分班"一词在 19 世纪中叶之后就被"起班"和"进班"取代。从字面意思可以清楚看出，土地及其拥有者——地主在盐井开凿中已属于从属地位，在尚未见功或见大功之前，凿井所有的实务都是由客人支配和主导的。

为了确保地主的利益，盐井契约规定在盐井开凿过程中任何影响进度的行为都将会导致盐井全部股权归地主所有。如果在规定时间内（一般有

2~18个月的宽限期），客人尚未采取补救措施恢复盐井的开凿，那么客人将失去前期投入。而越是早期的契约，双方约定的宽限期越短。如果凿井中止，地主将会立即采取行动。由于盐井开凿周期很长，筹资始终都是最重要的问题，尤其是随着技术进步，盐井从浅层向深层演变，资金的重要性就更明显了。但不可否认，在自贡盐业发展初期，以地主为中心的契约条款有助于富顺盐场将更多的土地用于盐业。

3.4 本章小结

在自贡盐井凿办契约中，地主、客人和承首人共同构成了盐井凿办的主体。地主拥有盐井凿办的土地而成为参与主体并享有收益，客人通过资金参与盐井凿办成为参与主体并享有收益，承首人则通过连接地主与客人获得盐井干股从而成为参与主体。地主一般是自贡本地人，客人一般为外来商人，承首人有本地人也有长年居住自贡的外籍商人。地主、客人和承首人采用锅口或日份来记载他们各自占有的股份。在盐井凿办启动时，为了弥补地主将土地用于盐井开凿而造成的农业耕种损失，客人有时会缴纳一定的押头银。当盐井凿办见水、火时，说明盐井开凿见功，标志着地主可进班。为了保证盐井凿办的顺利进行，自贡盐业契约采用作节制度实现融资顺畅。

梳理盐井凿办相关契约，无论是从年限井向子孙井的转变，还是从土地租佃向股份制的转变，都说明了以土地为代表的地主在整个盐井凿办历史进程中的重要性在下降，而以资本为代表的客人的重要性在上升。在盐井凿办难度不断加大、资金投入不断上升的过程中，年限井给客人带来的收益显然与客人的投入不成比例。同时，随着技术进步，土地位置的重要性相对下降，级差地租也逐步消失，地主在整个契约中的地位发生了变化，即地主的重要性在相对下降，而凿井资本变得越来越重要，客人也随之在凿井关系中处于主导地位。年限井向子孙井转变、土地从租佃向股份制转变，使得土地彻底从耕种的农业用地向盐业生产的工业用地转变。在此过程中，资金的重要性有目共睹，正是资金将土地、技术和管理等诸多要素有效结合，才共同推动了自贡盐业的发展。

4 自贡盐业盐井凿办的金融模式

盐业与中国社会经济发展密切相关，自贡盐业契约档案为研究我国农耕经济中的金融问题提供了宝贵的第一手资料。本书以自贡盐业开凿井契约为样本，再现了由地主、客人、承首人、作节、押头银构建的、以股权融资为典型特征的金融模式，深度剖析了各要素所扮演的金融角色、作用及其相互关系。研究结果表明，地主、客人、承首人、作节、押头银共同构建了自贡盐井开凿特殊的金融模式。其中，地主、客人和承首人是参与主体，承首人扮演了金融中介的角色，作节实现了资金接力，押头银兼具押金和租金双重功能。自贡盐业这种特殊的金融模式，成功解决了盐井开凿中资金的供求矛盾，有力推动了自贡盐业经济的发展，证明了我国农耕经济中金融并未缺位。

4.1 金融模式概述

金融模式，一般而言，是指某个系统或某个体系中的经济主体运用金融政策、金融手段、金融工具等进行筹融资活动以实现其资金融通目的的系列金融活动的行为规范或一般方式。

金融模式具有一般性、稳定性、复制性、可操作性。在不同的体系、不同的资金融通需求条件下，金融模式是不同的。金融模式在实际运用中必须结合具体的情况，实现一般性和特殊性的有效衔接，如此才具有可操作性。

4.1.1 主流金融模式

金融模式具有多样性且因地制宜，它随着经济结构的发展而呈现各式各样的变化。广义而言，当代主流金融模式主要有以下三种：

（1）银行金融模式。

银行金融模式，更确切地说，是指间接融资金融模式。间接融资金融模式以银行为主导，故也可以称之为银行金融模式。无论是在发达国家，还是在不发达将国家，银行金融模式都是一种非常重要的融资模式。银行金融模式通过将银行作为中间机构实现储蓄向投资的转化。银行在信息生产中具有很大的优势。凭借专业的信贷人员和信贷技术，银行可以生产排他性信息，从而实现信贷资源优化配置。因此，在一些信息不对称的发展中国家，银行金融模式一直发挥着主导作用。

银行金融模式的优点包括如下几点：

一是降低交易成本。银行凭借其信息生产能力，可以在短期内寻找到合适的贷款对象，降低交易的搜寻成本。

二是集中资源。银行可以集中多个家庭的储蓄，并将其投放给一些大型企业，例如轨道交通建设等，这是靠单个家庭无法实现的。

三是分散风险。银行通过发行一种金融产品（通常为存单、理财产品等）获取客户资金，再通过买入一种金融产品（通常为贷款合同）实现资金运用，从二者之间的利差获取收益。在这个过程中，银行承担了储户的投资风险，同时还可以利用资产组合（持有不同期限和行业贷款及债券等产品）实现风险分散。

（2）资本市场金融模式。

资本市场金融模式是指直接融资金融模式。在该模式下，资金盈余方和赤字方通过金融产品对接，直接实现资金的融通，金融产品主要表现为债券、股票等。资本市场金融模式对金融市场的发达程度要求比较高，因此，运用资本市场金融模式占比较高的多为发达国家。在新兴经济体和不发达国家，信息不对称问题严重，逆向选择和道德风险比较突出，投资者对市场发行股票和债券的企业认知存在偏差，认为好的企业一般不会通过发行股票和债券融资，只有差的企业才会发行股票和债券，好企业发行股票和债券价格较低，也不会通过市场直接发行股票或债券融资。

资本市场金融模式的优点包括如下几点：

一是降低了融资成本。直接融资，意味着没有金融机构参与，资金盈余方直接把资金提供给赤字方直接使用。由于没有金融机构从中分享利润，故融资成本较低。

二是融资约束作用强。资金的使用效率直接反映为金融资产的价格。若资金使用效率低，则所对应的金融产品价格较低。这对资金的运用者形成重要的外部约束。

（3）互联网金融模式。

互联网金融模式是指借助于互联网技术和移动通信技术实现资金融通、支付和信息中介等业务的新兴金融模式。互联网金融模式既不同于商业银行的间接融资，也不同于资本市场的直接融资。在互联网金融模式下，集中支付和个体移动支付由统一信息系统处理，风险评估通过网络化方式进行，市场信息不对称程度低，资金供需双方在资金期限匹配、风险分担等上的成本低，可以直接进行交易[①]。

互联网金融模式中最具代表性的是 P2P 模式。P2P 模式即点对点（peer-to-peer）借款金融模式，是指以一个合格的网络信用公司作为中介平台，通过互联网技术提供信息传播服务和促成交易实现的网络平台，从而实现了借款者和贷款者双方的借贷需求[②]。P2P 模式是随着互联网的发展和私人借贷的兴起而成长起来的一种金融模式。在借款过程中，数据和资金、合同、程序等都通过网络实现，它有利于汇集小额的社会闲散资金，对解决额度小、频率高、周期短的融资需求具有积极作用。

---

① 谢平，邹传伟. 互联网金融模式研究 [J]. 金融研究，2012（12）：11-22.
② 杨颖，王欢，何镇宇. P2P 模式下金融风险管理与研究 [J]. 经济研究导刊，2018（25）：81-93.

4.1.2 自贡盐业盐井凿办金融模式的定义

银行金融模式是间接融资模式，基于金融机构而存在；资本市场金融模式是直接融资模式，基于金融市场而存在，并以金融工具或金融产品为支撑；互联网金融模式是基于互联网和信息技术而存在，并以金融工具或金融产品为支撑。根据上节对三大类金融模式的介绍可知，清代的自贡尚未存在有足够融资能力的金融机构，也绝未迈入信息时代，所以很显然自贡盐井凿办的金融模式不是银行金融模式和互联网金融模式，而应属于资本市场金融模式的雏形（因其只为盐井凿办融资，且不规范和完善）。其金融工具或产品体现在每份股权契约中，从而形成了一个无形的资本市场雏形。

因此，本书将自贡盐业盐井凿办的金融模式定义为：在自贡盐业盐井凿办中，由金融参与主体——地主、客人、承首人，运用作节、押头银两大金融工具，构建的以筹集盐井凿办资金为目的、以股权融资为手段的金融模式。在该金融模式中，地主、客人、承首人是金融主体，地主以土地入股实现了土地资本化，客人以货币资金入股推动了盐井凿办见功，承首人是金融中介；筹集盐井凿办资金是目的；作节是股权融资（增资扩股）的重要金融工具，它实现了资金接力和风险控制，是实现融资目的的手段；押头银是一种金融工具，是地主与客人利益的平衡器。

自贡盐业盐井凿办的金融模式有力地推动了自贡盐业经济的发展，这种金融模式的成功，既有经济金融规律的普遍性，也有自贡盐业经济自身融资需求的特殊性。下文将进一步对这种特殊的、因地制宜的金融模式进行深入分析研究。

4.2　自贡盐业盐井凿办金融模式产生的背景

盐业乃民生之重，只有了解了盐的历史，才能更好地理解中国社会经济史。自春秋时期管仲创"官海"到新中国诞生之前，盐业一直是统治者聚敛财富的主要来源之一。直至近代，盐税依然是国家财政收入的重要支柱，在社会经济中占有重要地位。盐业生产自古以来就在我国手工业发展中占有举足轻重的地位。盐有海盐、池盐、土盐、石盐，而天下井盐，则始于四川，四川井盐的生产，又以自贡地区最为典型。自贡地处川南，旧时称为富荣盐场，至今已有 2 000 年的井盐生产史。特别是从清朝早期开始，天然气在川南被大规模地开发利用，自贡井盐生产自此进入繁荣时代。康熙二十五年（1686 年），全川仅重新开淘的旧井就达 1 182 口，到雍正九年（1731 年），全川已有盐井 6 116 口，岁产盐 9 227.7 万斤，贡井年征引课银 1.4 万余两，已经超过了当时荣县的田赋收入①。清咸丰、同治在位的数十年间，太平天国运动所引发的战火延绵，波及全国多地，却造就了自贡井盐发展的黄金时期。太平天国运动的爆发致使长江下游盐业运输梗阻，清廷为了解决湖南湖北食盐紧缺的问题，下令借拨川盐济楚。据推算，川盐济楚期间，富顺盐场的盐井由 400 口猛增到 728 口，煎烧卤水的灶锅由 1 000 口增加到 7 917 口，盐产规模之大，仅担水之夫就有万余，担盐之夫更是数倍胜之②。

自贡盐业之所以能如此成功地将传统农耕经济手工作坊转型为初具规模的近代产业链结构，不仅是因为自贡地区卤水资源丰富的自然地理条件，更重要的是因为自贡盐业在长期发展过程中创建形成了一套符合盐业

---

① 中国人民政治协商会议自贡市贡井区委员会. 盐都发端·贡井：自贡市贡井区盐业历史文化资料汇编 [M]. 北京：大众文艺出版社，2009.

② 李俊甲. 川盐济楚和清末江苏北部的区域经济：以白银流通为中心 [J]. 四川理工学院学报（社会科学版），2013（1）：1-11.

经济发展规律、以筹集资金为目的的金融模式，这一模式极大地推动了盐业经济的发展。自贡盐业经济的成功说明了金融在中国农耕经济中并没有缺位，而是以独具地方特色、灵活多样的方式发挥了推动经济发展的巨大作用。遗憾的是，金融作为自贡盐业经济发展的重要推动因素尚未引起学术界的高度重视，目前尚未建立一个理论框架对散落于自贡盐业经济中的各金融要素进行统一分析，也尚未有学者深入研究各金融要素及其相互之间的作用关系。因此，基于自贡盐业凿井契约，聚焦盐业中的金融问题、肯定金融对盐业所发挥的重要作用、界定各金融要素、厘清其金融关系、解读其金融意义，对于更好地研究和再现中国金融发展史具有重要的历史意义和现实价值。

4.3　重要的金融参与主体：地主、客人和承首人

4.3.1　地主及其扮演的金融角色

由前文契约分析可见，参与自贡盐井开凿的金融主体包括地主、客人和承首人。地主，即井基土地的所有者。盐井开凿是在特定位置土地上的凿办，地主拥有稀缺的土地要素，并提供井眼用地和凿井见功后的灶房、账房等盐井生产及配套用地。地主主要为土地出资，享有不出工本的地脉股份。在盐井开凿过程中，地主不能妨碍盐井日常开凿活动，在盐井见功后，始行进班。与承担出资所对应的是收益。地主享受盐井见功之后的鸿息，这是地主最重要的收益来源。同时，若客人未按照盐井凿办契约约定，中途停止凿井，地主有客日份的回收权；若客人资金消耗殆尽，需要引入新客人，为了保护地主利益，需征得地主的同意。若地主经营困难或遭遇不测可出售所持有的股份。

按照现代公司金融理论，地主在盐井凿办过程中是资金的需求方。地主拥有凿井用地，但困于没有资金。地主与一般家庭相比虽拥有相对较多

的财富，但这些财富与盐井开凿所需的巨大费用相比实则九牛一毛。如果地主的资金可以支撑一口盐井开凿的全部费用，那么其独立开凿盐井见功之后所带来的收益会远远高于其耕地或林地之用，即使与人共享盐井股权，只要盐井可以见功其利润也比农耕大。地主非常清楚开凿盐井给其带来的巨大预期收益，何况手持土地这一最重要和基本的生产要素，他们内心是渴望得到资金支持，从而实现财富爆发式增长的。从自贡盐业契约中，我们也确实看到了一些地主通过土地入股邀请客人参与盐井凿办从而转变为商人的案例。

但同时也不能否认，此时的地主对融资的需求虽迫切但又有限，其主动融资的动力不足。地主成长于农耕经济中，对工业经济萌芽的盐业开采并不擅长，对巨大的风险也抱有未知的恐惧。盐井凿办所耗费的资金之巨，凿井从开凿到见功投入生产的周期之长，都是农耕经济中一般地主难以想象的。通常，地主会更关注季节性的短期收益，虽量少但稳定，而盐井开凿虽收益高但不确定何时可以见功。从这个意义上来说，地主对融资需求的主动性尚不够，更多从属于一种对资本的配合。早期的凿井契约中保留了很多在盐井凿办过程中关于地主利益损害的规定，这些规定很明显地体现出地主仍停留在固有的农耕经济思维中。

4.3.2　客人及其扮演的金融角色

客人，即资本所有者，也是货币投资者。盐井开凿需要大量的货币资金。按照自贡当地习俗，那些为盐井开凿提供货币资金的群体被称为客人，有的也被称为客伙，他们享有工本股份。客人筹集资金、邀伙凿井，且中途不得停挫，否则井主收回土地，不得言说工本。若转佃下节，一般先内后外，须经井主同意；若月费不济，另寻股伙，不得言及月利鸿息；若见功投产，则分享鸿息。简而言之，客人通过众伙合作投资盐井开凿，这是他们的主要成本支出；盐井见功后享有鸿息，这是他们的主要收益。

按照现代公司金融理论，客人在盐井凿办中充当资金的供给方角色。翻阅自贡盐业档案，结合前文的融资安排分析，笔者发现客人群体也存在一个动态演化的过程。早期的客人主要由来自亲情、友情等某种关系纽带下的本地人构成，这些拥有较多财富的客人群体，采用合伙集资的办法，以自贡当地办井习俗结成投资团体，共同为盐井凿办提供资金来源。早期的客人也许是由地主、乡绅群体构成，因为在信息不对称情况下，很难说服外地商人成为盐井凿办的投资人，外地富有的商人更愿意将资金投入盐业商贸而非开凿盐井。在农耕经济中，地主的土地是有限的，这决定了资金在农业耕地上的投入也是有限的。地主长年累积了大量闲置不用的资金，在农耕经济和农耕意识中，这些资金很难寻找到其他更加高效的投资渠道。盐业开采为本地客人暂时闲置不用的资金找到了很好的投资项目。本地客人对本地情况比较了解，对本地盐井可能出卤水的概率也相对比较了解，更多的未知可能是什么时候出卤水，因而在这种结果是已知而过程未知的情况下，部分本地客人愿意拿出部分暂时不用的资金来凿办盐井，以期待未来获取更高的收益。但是随着时间的推移，从事多年盐井凿办的本地客人逐步成长为地方重要家族财团，其雄厚的资金实力使得他们从农耕经济中的地主身份转向工商经济中的商人身份。同时，本地客人的巨大成功案例也激发了外地商人对盐井凿办所带来的巨大财富的追求。由于外地商人长期从事盐业贸易，因而他们对地方盐井分布情况也有一定程度的熟悉。在此情况下，外地商人也逐步加入盐井凿办中，成为新生的客人群体，并为盐井凿办提供源源不断的资金。

4.3.3 承首人及其扮演的金融角色

承首人是自贡盐井开凿中的另一重要金融参与主体，是实现地主土地和客人资金对接的金融中介。承首人也称"承首""团首""承首办人""承首办井人"，是自贡盐业发展中一类极具特色的重要群体，是现代金融投行的萌芽。承首人即"出力办事，承首邀伙之人"，因"费心"而获得"只出力不出钱而分鸿息之股份"。

自贡的凿井契约对承首人的权利和义务也有不少规定，承首人需要"邀伙开凿"，筹集资金，保证凿井顺利进行，"不得停工住凿"。承首人的

"费心之资"以少量股份为回报，被称为"团首日份""干日分""浮锅日分"，是一种不出工本的股份，这些股份通常从地主所得股份中拨给①。根据自贡盐业历史档案资料，承首人享有的股份份额一般为 1~3 天或 1~5 锅口，低于地主份额，也远低于客人份额，但是相对于 30 份或 24 锅口总份额来说并不算少，每股鸿息十分可观，足以满足一个家庭的日常开支。

承首人在地主和客人之间扮演着非常重要的金融中介角色。翻阅清代自贡凿井契约，笔者发现，保存完整的 40 份契约中有 30 多份提到了一个或多个承首人，占这些契约的 2/3 以上。承首人通过发挥类似金融中介的职能作用，将本地的地主与外来的客人相结合，将土地与资本相结合，并在这个过程中发挥融资协调作用。地主想开凿自己拥有的土地，但苦于没有资金；客人想投资盐井开凿，但苦于没有土地；承首人基于掌握的大量私人信息，凭借自己的声誉和地位，帮助具有不同需求的地主和客人寻找到合适的合作伙伴。事实上，清代凿井契约中有相当一部分并不是地主与客人直接签订的，而是地主与承首人签订的。这样做的好处是可以很好地保护地主的权益，即便是将来发生利益冲突或其他不愉快的事，地主也可以直接与自己熟悉和信任的承首人协商解决，而不需要去直面客人，避免了因不了解而产生的诸多问题。实际上，在清代，民间经济纠纷的解决，很多时候依靠调解，而不是诉讼。调解一般由具有威望的地方乡绅或者年长者来主持，承首人的存在有助于解决凿井过程中的各种经济纠纷。

承首人可以分为两类。第一类熟悉盐务但缺乏资本，此类承首人一般是在地方成长起来的，对当地具体情况比较了解，且在当地具有一定的影响力。这类承首人不提供土地也不提供资本，仅凭借其在社会关系中的地位和信息优势，实现了地主土地资本和客人货币资本的对接，连接了地主和客人之间经济利益。这类承首人的优势在于对地方情况比较熟悉，劣势则是在引入外来资金方面存在一定的局限性。因此，产生了取长补短的第

---

① 《自贡盐业契约档案选辑（1732—1949）》一书中明确提到承首人的股份从地主股份中分配，见书中契约第 22、23、27、66、72、74、80、81 号。

二类承首人。第二类承首人大多是在自贡成功凿井办井的外来客人，他们熟悉客人群体，拥有庞大的外部资源，可以有效地引入凿井资金。这类承首人通常已经在盐场拥有了盐业相关的财富，在盐业社会关系中也有很好的人际关系。由于在自贡长期生活，他们又和地方财团及势力形成了千丝万缕的联系，比较熟悉地方事务和习俗，故可以完成承首人的职能。

总之，对地主而言，承首人是客人的代理人；在承租井基、盐井开凿等相关事务的参与中，承首人是客人利益的见证人。对客人而言，承首人又是地主的代理人；在融资、凿井和利益分配等事宜中，承首人是地主利益的见证人。在整个盐井开凿的过程中，承首人始终处于一个十分重要的位置。具体而言，在盐井开凿准备阶段，承首人利用信息优势为地主或客人寻找潜在的合作对象，实现了土地和资本的对接；在盐井开凿期间，承首人是地主和客人之间沟通的桥梁，监督资金的使用，维系着不同客人资本的衔接；在盐井开凿见功后，承首人监督收益的分配。可见，承首人在盐业发展过程中发挥的是金融中介职能的作用，他们不仅实现了土地和资本的对接，还维系着资本投资的连续性、发挥了金融中介的多种金融服务作用、实现了地主和客人之间的各种经济关系的协调。

4.4　重要的融资方式：股权融资

股权融资是自贡盐业盐井凿办金融模式的重要融资方式。

4.4.1　采用股权融资的原因

受盐井开凿的自然因素和客观环境制约，地主和客人之间的金融关系为股权关系。现代融资理论认为，公司或项目的融资方式可划分为内源融资和外源融资，其中外源融资又可以划分为债权融资和股权融资。自贡盐井开凿历史周期长，需要耗费大量的人力、物力，而且盐井井基的选址通常是基于经验判断，因此盐井见功与否难以预测。如现存的著名黑卤水井

——燊海井，开凿于道光三年（1823年），见功于道光十五年（1835年），凿井周期长达13年，耗资巨大可想而知。由于开凿盐井的诸多不确定性，也就不可能事前做出总投资预算，投资风险可见一斑。在农耕时代，仅依靠地主财力显然无法承担盐井开凿所需要的全部资金。在内源融资遭遇困境和盐井开凿见功所带来的巨大利益诱惑下，外源融资的方式必然会出现。外源融资可采用债权和股权两种方式。自贡盐井开凿见功的不确定性，意味着盐井开凿项目的预期收益现金流不稳定，项目丧失了还款来源保证，资金的贷方很难相信借方有能力可以按期偿还借款，即使有现代意义上的银行存在，借方也很难依靠个人力量筹集到盐井开凿所需的巨额资金，更何况资金的贷方也没有强大到可以依靠自身力量提供凿井全部费用并承担借方违约的风险。同时，对于借方来说，盐井开凿风险太高，若采用债权筹资，自己无法独立承担风险，因此迫切需要分担风险，而股权融资恰好解决了这些问题。股权融资一方面可以通过股权出让方式集中股东手中暂时闲置不用资金，并将其用于开凿盐井；另一方面还实现了盐井开凿投资风险的多方股东共担，并且后续可以通过股权再出让（增资扩股）控制风险并实现风险的部分转移。因此，自贡盐井在数百年的开凿中最终选择了股权融资方式。这一方式是被实践检验的符合自贡盐井开凿资金需求的融资方式。

4.4.2 无量纲化的股权分配

自贡盐业的一大特色，是其以时间或者锅口作为股份制的基本度量单位。这种度量单位，一是便于计算股权所有者应当提供的付出和付出后享有的回报，二是为了方便股份的交换流动。

自贡盐井从开凿伊始就面临诸多不确定性，其中最主要的便是投入和收益的不确定性。

首先，从投入上看，盐井投资主要集中在从盐井开凿至见功阶段，至于究竟需要多少资金投入才可以获得收益，在当时的历史条件下，无法做出准确的预期，因而也就无法在凿井契约签订之时确定资金的总投入规模。面对总投入的不确定性，自贡盐业在长期实践中创造了一种非常灵活的股权融资方式。一般来说，若有合适的地段，地主愿意提供土地，客人愿意出"底钱"，即可开凿盐井，至于后续维持资金则采用按股权占比逐月缴付的方式来实现。

其次，从收益上看，无人可以预测凿井是否见功，而即使凿井成功，也会出现卤水浓淡不一的情况，所以将来可取得多少鸿息根本无从得知。为了解决这个难题，资金提供者（客人）与井基土地所有者（地主）在缔结契约时巧妙地避开了货币单位，把最终所需但不可预见的资金一律以30天或24锅口全部划分为均等股份，无论井产兴旺、规模大小，其股份设置均以30天或者24锅口组合，形成一个固定框架。只要是合资股份井，要么日分式，要么锅口式，且只能设置30天或者24锅口，不可增减，但可按一定规则分割：30天可细分为时、刻、分、厘、毫、丝等单位，24锅口可划分为分、厘、毫等单位。就股东个人而言，再小的股份额也不是一次性全额投入，而是依凿井的进度，根据股权占比，按月计算其成本后逐月投入，直至井穿见功。而凿井见功后，盐井收益的分配，也是严格按照股权占比分配。

在自贡盐业中，因为资金不足或者其他各种理由而进行的契约股份转让也司空见惯，以日份或者锅口为单位，也有利于盐井股份的交换流通。虽然盐井股份契约只是自贡盐井所有权的证明文书，有别于今天的有价证券，但是由于它和产权紧密联系，代表着一定的资本量，所以从这个意义上说，股份契约也可以被看作一种无面值的有价证券。而在自贡盐业的实际操作中，契约股份也确实是可以进行交易转让的，转让的途径包括买卖、租佃、抵押、馈赠、继承等，方式多样，手续灵活。如在道光二十二年（1842年）的天宝井扫卖约①中，"立出扫卖井份地脉文约人堂叔王明信，今将祖遗桐梓培石塔上天宝井，每年每月水火昼夜净日份五十七天四时有零，一并扫卖……"这就是一种股权的买卖。

---

① 自贡市档案馆藏，档案号：8-1-714-171。

此外，从开凿井契约内容可以看出，地主主要提供相关配套用地，在整个盐井开凿期间不支付任何凿井费用，该股份被称为地脉股份。不管凿井期限多长，耗费了多少资金，甚至因终不见功而废止，整个投资损失与地主无关，地主仅损失了土地用作耕种的预期收入。然而，一旦凿井见功，地主即可进班并按照开凿井契约约定的股份分红，收益巨大。换言之，地主实际上是通过土地入股，有希望凿出卤水的特殊地段的土地的稀缺性赋予了地主所享有的股份。

根据契约资料统计，地主拥有的盐井股份一般在 2~7 天或 3~6 锅口，平均约占总股份的 1/6。客人拥有的股份一般在 24 天或 18 锅口左右，平均约占总股份的 4/5，是盐井最大的股份占有者。当然，地主和客人拥有的股份数并不完全固定，一般依照当时的盐业生产发展水平及地区习俗设定。但随着时间的推移，当土地和资本的相对作用发生变化时，双方占有的股份比重也会发生改变。

4.4.3 不对称信息下的盐井开凿融资决策理论模型

前文基于历史材料和客观事实，回顾和分析了自贡盐业盐井开凿中股权融资的相关情况。本部分将根据现代公司金融理论建立理论模型，论证在信息不对称情况下自贡盐井开凿选择股权融资的原因。

现代公司金融理论的基石是莫迪里安尼（Modigliani）和米勒（Miller）于 1958 年提出了 MM 定理。MM 定理认为，在没有税收扭曲、代理问题、信息不对称时，公司的资本结构与企业的投资决策不相关。在这里，我们应用信号发送框架来说明，当地主比外部投资人拥有更多有关盐井投资收益的信息时，融资选择是如何影响自贡盐井开凿的。

本书基于梅叶斯（Myers）和梅吉拉夫（Majluf）于 1984 年所构建的理论模型，将不确定性纳入并对模型进行了拓展。地主土地用于农业耕作的未来价值为 0 或 a：0 表示土地歉收，a 表示土地获得正常收入。地主拥有一个未来价值为 0 或 λa（$\lambda \geqslant 1$）的新项目投资机会，即土地用于盐井开凿，0 表示开凿不成功，λa 表示开凿成功，盐井开凿的成本是

$c(a \ll c < \lambda a)$。γ_i 和 η_i 分别表示在自然状态 i 下土地用于耕种或凿井成功的概率，且 γ_i 和 η_i 不相关。假定只有两种自然状态，$i = G，B$，每种状态发生的概率为 0.5，其中 G 表示好的状态，B 表示坏的状态。在好的状态 G 时，我们有 $\gamma_G \geq \gamma_B$，$\eta_G \geq \eta_B$。我们假定地主在做出决策前能观察到真实的自然状态但投资人无法观察到土地及其衍生的真实状态。

土地及其使用权在一开始由地主完全拥有，因此，如果地主有现金 c，则当且仅当 $\eta_G \times \lambda a \geq c$ 时，地主会在状态 i 将土地用于盐井开凿。很显然，这个费用支出相对于地主的耕地收入来说是巨大的，依靠单个地主无法完成。本书假定新投资必须完全由一个风险中性的投资者来提供外部融资。令 r_j 表示事后总价值 V，其包括 $j = a，\lambda a$ 时的事后支付，当总价值为 0 时，无法提供事后支付。所以我们只用 r_1，r_2 来刻画一般的融资合同，即 $r_2 = \lambda r_1$。

地主面临一个非常简单的信号发送问题，只有两个行动：将土地用于耕种或用于盐井开凿。如果地主愿意将土地用于盐井开凿，投资人愿意投资 c 于盐井开凿，以交换至少 $\dfrac{c}{\eta_G \lambda a}$ 股份。根据这个股份占比，投资人可以得到期望收益 $\eta_G \lambda a \times \dfrac{c}{\eta_G \lambda a} = c$，这等于投资人的初始投资。此合同留给地主的收益等于 $\eta_G \lambda a (1 - \dfrac{c}{\eta_G \lambda a}) = \eta_G \lambda a - c$。同时，地主对土地耕种的预期收益为 $\gamma_G a$。只有当 $\eta_G \lambda a - c \geq \gamma_G a$，即 $\eta_G \geq \dfrac{\gamma_G a + c}{\lambda a} = \dfrac{\gamma_G}{\lambda} + \dfrac{c}{\lambda a}$ 时，地主才会将土地用于盐井开凿。根据求解的结果，本书发现地主将土地用于盐井开凿的概率 η_G 主要取决于 λ、c 以及状态变量 γ_G，且与 λ 成反比，与 c、γ_G 成正比。当 $\lambda \to +\infty$，η_G 值越小，即盐井开凿收益远远高于耕地收益时，即使盐井凿办成功的概率 η_G 较低，地主很显然会乐意将土地用于凿井；当 c 越高，盐井开凿成本越高，虽然地主不预算垫支任何开凿费用，但在盐井收益给定的情况下，地主占有的股份越少，产生的收益越低，地主将土地用于盐井开凿的概率 η_G 下降。同理，γ_G 越高，地主将土地用于耕地获取好状态收益的概率上升，用于凿井的机会成本上升，继而将土地用于盐井开凿的概率也下降。

如果地主知道自然状态，在好的状态下，$\eta_G \lambda a - c \geq a$，即 $\eta_G \geq \dfrac{a+c}{\lambda a} = \dfrac{1}{\lambda} + \dfrac{c}{\lambda a}$ 时，地主会将土地用于盐井开凿；在坏的状态下，$\eta_G \lambda a - c \geq 0$，即 $\eta_G \geq \dfrac{c}{\lambda a}$ 时，地主会将土地用于盐井开凿。可见，与好状态相比，坏状态下的地主将土地用于盐井凿办的概率更高。

在不采用股权融资，而是采用债权融资的情况下，我们定义一个面值为 D 的标准债务合同，$r = \min\{D, \lambda a\}$。在债务融资情况下，如果土地用于盐井开凿事后的价值为 0，地主需要比在股权融资情况下支付多得多的回报。如果事后价值为 λa，债务合约价值 $D(<\lambda a)$，令其为 c，则地主所得收益为 $\lambda a - c$。因此采用债权融资最后的期望收益为 $\eta_G(\lambda a - c)$。而采用股权融资的方式地主所得收益为 $\lambda a - \dfrac{c}{\eta_G}$。若 $\eta_G(\lambda a - c) > \lambda a - \dfrac{c}{\eta_G}$，则 $\eta_G \geq \dfrac{1}{2}\dfrac{\lambda a}{\lambda a - c} > \dfrac{1}{2}$，即土地用于盐井开凿的成功概率大于 0.5，而这个在现实中很难保障。因此，结论表明，在自贡盐井凿办中股权融资的确是更合理的选择。

4.5　重要的金融工具：作节和押头银

4.5.1　兼有融资接力和风险转移功能的金融工具：作节

作节是自贡盐井开凿中一项非常重要的融资制度安排。在现存自贡盐业契约档案中，有相当一部分档案属于"上（中）下节"契约。大多数凿井契约明文规定，当先前客人无力维持凿井费用时，可邀约其他客人参与（增资扩股）。提留若干股份给已，作为先前投资的补偿，被称为上节；出让部分股给新入伙的客人，由其承担凿井使费，被称为下节。若新客人又感到财力不济，可如法炮制，形成新的下节，以此类推，就像盐井生产中使用到的竹篾一样，一节一节，不断延伸，最终实现盐井开凿的全部使费。在作节中，上节成为类似地主的角色，不再投入资金，在见功之前也不享受收益。"自丢之后，任随下节办理，上节伙等不得干预"[①]，"上节主人交出……原有基址，听凭下节建筑一切"[②]。下节成为盐井开凿的实际控制人和管理者，这也是为了下节更好地安排凿井事宜，以使盐井早日见功。但若下节"停工住锉三月，任随上节接回，或自办、外丢，下节不得言及锉费、廊厂抵押银等语"[③]。作节不仅实现了盐井开凿使费接力，而且还控制了风险，实现了投资风险的转移。因为下节的不断参与，资金源源不断的供给，使凿井资金链的持续不断得到了有效保障，风险得到了控制，也层层转移了上节客人的投资风险。上节虽然享有的股份在减少，但获得了总投资中其应享有的股份和收益。作节这种股份出让关系的安排是整个盐井开凿最核心、最稳固的部分，它将其他社会活动紧紧地吸附在凿井产业上。

　　上节客人通过增资扩股将股份出让给下节的直接结果是股份的重新分配。这些股份在客人之间如何分配，取决于当时该盐井开凿的特定条件。根据自贡凿井的上下节契约，上节捣井浅，费本无多，即少分鸿息；下节捣井深，费本甚巨，即多分鸿息。如果盐井开凿处于初始阶段，上节资金告罄，盐井见功还需很长时间，此时上节出让大部分的股份给下节，下节一般会得到三分之二甚至更多的盐井股份；若盐井开凿处于尾声阶段，攻克了坚硬的岩石，达到了见卤水的平均深度，或已见微火微水，上节资金耗尽，此时上节出让较少股份给下节，上节常常持有一半以上的盐井股

---

① 《自贡盐业契约档案选辑（1732—1949）》第 54 号约。
② 《自贡盐业契约档案选辑（1732—1949）》第 59 号约。
③ 《自贡盐业契约档案选辑（1732—1949）》第 45 号约。

份。上节要求下节事先缴付现金（常常称为"顶价"），也会影响股份的重新分配。如果存在顶价，上节将会出让更多的股份给下节。尽管契约中没有明确说明顶价的原因，这样做的可能是：在未来不知何时盐井可以见功的情况下，上节为了尽快止损，可能会要求下节先行支付一定的顶价，作为其前期资金支出的补偿，故而上节将要放弃的股份也较多。从这个角度来说，顶价存在则表明上节对盐井见功并不抱太大希望。但盐井开凿并不一定总是按照人们期望的那样发展，当上节不抱希望的时候，往往就会出现惊喜。正是基于这样的不确定性因素，下节会通过顶价获取更多的盐井股份。下节是盐井开凿资金的最后保障，决定地主、承首人和上节鸿息的实现，当下节凿办的进度比预期慢时，为了鼓励下节继续增加资金，在契约中规定下节可以要求上节出让更多的股份。在上下节的股份出让中，主要采用伙议出让方式，优先使用伙内出让。为了防止伙外投资者乘虚而入，充分尊重伙内客人意愿，保障伙内客人的利益，也为了调动伙内客人出资续办的积极性，更多的出让行为限于伙内，并在出让条件上给予优惠。

在作节中，不论节次如何流变，即不论下节是否又因资金不济而再丢下节呈现上、中、下结构，不出工本的上、中节伙人，始终占据全井一定数量的股份。这种制度安排将更加有利于全部客人协调一心，共同接力实现盐井开凿见功。上节不一次性全部丢出股份，一方面可以维持上节享有盐井开凿见功带来的巨大利益，另一个方面可以防止上节客人恶意坑害下节。如果上节客人可以全部丢出股份给下节，那么上节客人可能会营造一种假象，比如盐井将要见功，但由于自己资金耗尽，万般无奈之下只能出丢股份，以此欺骗下节支付高额的顶价，将下节深度套牢。在这种情况下，下节一旦发现自己受骗上当，为了脱困，难免会效仿上节做法，制造骗局欺骗新的下节，一节一节恶性循环，把自贡盐井开凿变成诈取资金的概念炒作。如果盐井不能顺利开凿，自贡盐业的辉煌历史又从何谈起。正是因为这种上节提留少量股份的机制设计，使得下节的资金将全部围绕盐井开凿这个实体经济活动展开。上节不仅不会骗取下节资金，逃离盐井，而且还会全程关注盐井开凿的一举一动，甚至主动监督下节的开凿进度。

4.5.2 兼有押金和租金性质的金融工具：押头银

押头银在开凿井契约中也扮演着非常重要的角色。为了保护地主的利益，大多数契约还需要客人交纳押头银。在自贡盐业凿井契约中，押头银是客人先期支付给地主的货币资金，兼具押金和租金双重作用。按照现代金融要素的功能划分，押头银类似于押金，是地主和客人双方利益的平衡器。对于自贡凿井契约，地主预期利益的实现依赖于客人的资金实力，地主承担客人半途而废和久凿不见功的风险，客人支付一定数额的押金可以降低发生这类风险时地主的损失，消除了地主的后顾之忧，从而促进地主和客人更易达成凿井契约。从这个意义上讲，押头银具有押金性质，但另一方面，押头银金额的多少与土地租佃的机会成本的多少有关，地主认为该土地是块好地，即耕种农作物出产量高，那么放弃该土地租佃收入转而用于盐井开凿时，客人就需向地主支付较多的押头银。这时，押头银的作用不仅是为了防止客人半途而废，更多的是地主要求客人对土地的机会成本进行先期补偿，补偿金额往往以土地租佃价格来衡量。当地主以土地租佃思维来看待押头银时，押头银就又具有了租金的性质，所以自贡凿井契约中很少言及返还押头银。押头银实际上反映了地主对放弃土地租佃使用的风险认知和获取先期补偿的意愿，押头银的多少反映了地主放弃土地租佃的意愿强弱。地主放弃土地租佃的意愿取决于其对风险的认知和土地租佃的价值。若要地主长期放弃土地租佃收入，除了押头银之外，自然也应享有更多的股份。实际上，通过对凿井契约的统计分析，我们也确实发现了这种现象的存在：押头银越多，地主享有的股份份额也越多。在自贡凿井契约中，押头银的金额是一种信息：一般而言，押头银越多，表明土地价值越高，地主享有的股份也越多。押头银不是地主对盐井预期收益的补偿，押头银和地主股份占比为互补关系，而非替代关系，这说明地主并没有通过预先收取高额的押头银来替代股份占比。这一点非常重要，因为相较于盐井收益的巨大，租金要少得多，押头银的这种安排对于盐井开凿十分关键，如果地主一开始就收取高额的押头银，将凿井见功的预期收益通过押头银提前收取，此举会增加客人的资金支出，部分占用盐井开凿资金的使用，阻碍客人投资的积极性。只有地主以押金兼租金的方式提前收取较为合适的押头银，才能最大限度地平衡地主和客人之间的利益。地主以收取押头银的形式防范停凿风险获取先期补偿但同时又尽量减少对客人资本的消耗，使得双方利益更加趋于一致，致力于盐井开凿的早日见功。在清初，押头银一般在 30~100 两；到了清朝末期，押头银一般在 300~500 两①。这也从侧面反映出押头银随着通货膨胀在不断变化调整。

4.6 重要的金融市场：无形的金融交易市场

在现代金融中，金融市场是指金融体系中各类行为主体进行金融交易的场所。金融市场的基本功能是向居民、企业和政府提供资金融通服务，将那些支出少于收入而又有多余资金的家庭、公司、政府等的资金引流到那些支出超过收入而资金短缺的经济主体手里，从而实现资金的良好运转②。高效完善的金融市场，可以优化资源配置、促进社会经济发展并提高社会福利。我们对自贡盐井凿办过程中的地主、客人及其采用的股权融资模式进行分析研究，发现这是一种单一的直接融资市场，之所以说"单一"，是因为该融资市场仅为盐井凿办融通资金。

根据金融市场的相关理论，金融市场的存在实现了资金盈余方和赤字方之间的对接。根据不同的标准，金融市场可以划分为不同的种类，最典型的有债务市场和股权市场、一级市场和二级市场、货币市场和资本市场等。金融市场还可以划分为有形的市场和无形的市场，前者如证券交易所，存在一个固定的交易场所，交易的金融产品为标准化的金融产品，例如股票、债权等。在清代自贡盐业的发展时期，现代金融尚处于萌芽时

---

① 《自贡盐业契约档案选辑（1732—1949）》第 7、30、45、49 号约。
② 李昊. 浅析金融市场及金融中介机构在经济体中的作用 [J]. 经济研究导刊，2018（11）：148-149.

期，自贡盐业难以形成有形的金融市场，因为当时自贡盐井企业中有关股权的分配和作节的安排，都是非标准化的金融工具。非标准化的金融工具流动性差，无法形成一个固定的交易场所进行买卖。凿井契约更多是基于地主、承首人和客人的三方协定，其中虽有约定俗成的规定，但具体股份多少并不相同，契约中有关非股权的约定也不相同。再者，作节的约定是一个状态变量，受多种因素的叠加影响。对股权增资扩股的出让虽有一些共同的规定，但是出让的具体股份及其安排是很难标准化的。这虽然会影响金融工具的流动性和融资效率，但是并不会导致我们否定自贡盐业中存在着类似于近代金融市场的金融市场。自贡盐业凿井相关融资活动是一个典型的场外市场。地主是资金的需求方，客人是资金的供给方，二者通过无形的金融市场实现了资金的对接。这种无形的金融市场散布于市井之中，散布于乡邻之间，散布于亲友之中。早期，地主与客人之间的资金融通，并不需要金融机构的存在，他们仅仅需要一个熟悉的中间人就可以完成。

一方面，自贡盐井凿办所形成的无形的金融市场发挥着与现代金融市场几乎一样的功能。首先，它降低了交易成本。通过中间人的牵线搭桥，拥有土地但苦于没有资金的地主与拥有资金但苦于没有土地的客人之间达成了盐井凿办契约：地主出土地，客人出资金。降低交易成本在当时资金匮乏的情况下是一件非常重要的事情，地主为规避风险，一般会要求客人支付一定数量的押头银，如果此时中间人因为帮助地主与客人对接而向客人收取额外的一定数量的资金，这显然会造成客人投资成本的上升。为了避免这种盐井凿办尚未见功、客人却支付大量货币资金的情况，地主一般会给予中间人一定数量的股份作为回报，避免现金货币给客人带来压力。其次，它改善了地主和客人的效用水平。从地主的角度来说，地主通过土地的租佃或土地入股，可以提高土地的收益，一旦凿井见功，将大大增加财富；若盐井久凿不见功，地主还可以收取固定租金或收回盐井及相关设施。从客人的角度来说，客人通过租佃土地或资金入股，提高资金使用的效率，一旦凿井见功，将会获得巨额的收益；若盐井久凿不见功，客人可以通过作节将部分股权出让，待盐井见大功之时，再分享盐井的收益。

另一方面，自贡盐业所展现出来的无形的金融市场又是非常不成熟的。这种金融市场远远没有达到现代金融市场的发达程度，也没能成功向场内交易市场转型。契约所呈现的是非标准化的产品，是特定对象与特定对象之间签订的协议；若转让，则必须征得其他股东同意，这很难形成广泛的二级市场；融资更多以私募方式进行，这与现代公司股份制区别明显。当然这些并不妨碍我们对自贡盐业经济曾经存在金融市场的认同。可惜后期受到种种因素的影响，自贡盐业经济的金融市场并没有发展成为现代金融市场体系。

通过以上分析，我们可以对自贡盐井开凿中的金融模式进行界定：该模式主要采用股权融资，由三大参与主体和两大金融工具构成。三大参与主体分别为地主、客人和承首人。地主通过土地入股，享有不出工本的地脉股份；客人通过资本入股，享有出工本的股份。股份以日份或锅口均等划分。承首人通过提供土地和资本对接等一系列金融中介服务，享有只出力不出工本的股份，该股份一般从地主股份中拨给。盐井凿井见大功，地主、客人和承首人按契约约定的份额享有鸿息。两大金融工具分别为作节和押头银。作节是增资扩股的重要金融工具，主要采用伙内出让方式，通过客人伙内股份的重新分配，实现了盐井开凿所需的巨额资金供给，控制了资金链条断裂的风险，也分散了上节客人的投资风险。押头银兼有押金和租金双重作用，押金多少与土地租佃的价值大小相关，此举平衡了地主和客人之间的利益。正是地主和客人之间的股权融资安排、承首人的金融中介功能、作节的资金接力、押头银的平衡作用共同构建和推动了自贡盐业发展的特殊的金融模式。这一金融模式具有浓厚的地方特色，为自贡盐业发展奠定了坚实的金融基础，也充分说明了金融在农耕经济的社会生产经营中就已经发挥了重要作用。

4.7 本章小结

本章基于历史文献资料，再现了自贡盐业中真实存在的金融要素，运用现代金融理论，通过对凿井契约的深度解读，揭示了融资方式，界定了金融参与主体之间的金融关系，考察了金融工具的职能，从而提炼总结出了自贡盐业盐井凿办中以股权融资为目的的金融模式。

首先，自贡盐业盐井凿办的特殊金融模式是切实存在且有效的，这种模式以股权融资为现实表现，以地主、客人和承首人之间的金融主体关系为纽带，运用作节和押头银两大金融工具共同构建而成。它出色地解决了盐井开凿中的资金需求，极大地推动了盐业经济发展，为自贡盐业经济的繁荣奠定了坚实的基础。自贡盐业金融模式的成功，同时也证明了在我国农耕经济中，近现代意义上的金融融资模式早已存在，金融非但没有缺位，反而一直都在发挥重要作用。对自贡盐业金融模式的研究，有助于我们更加深刻地理解我国在农耕文明向近代社会转变中特有的实践与经验，从而在中华民族文化自信内涵中，探寻并形成以金融自信为指引的学术理论体系。

其次，就自贡盐业盐井凿办的金融模式本身而言，融资采用股权方式，参与主体由地主、客人和承首人构成，地主和客人享有的股份数额依照当时的盐业生产水平及习俗设定，其中客人股份占比通常高于地主股份占比。承首人类似于现今的金融中介。金融中介通过解决融资中的信息不对称问题，实现了地主和客人合作效率的提升，获得了不出工本的由地主拨给的少量股份。该股份具有期权的性质，既不占用凿井的资金，又可以较好地激发承首人的费心之力。作节是盐井开凿增资扩股的有效金融工具，实现了凿井资金的可持续性，防止了资金链断裂，控制了风险。作节中优先采用伙内出让的方式，让客人股份在上下节客伙之间重新分配。押头银兼有押金和租金的双重性质。押头银不是对地主盐井预期收益的补偿，而是对地主租佃收入机会成本的补偿，体现了土地的价值，具体表现为押头银越多，地主股份占比越高。

5 承首人产生的经济学解释及其演化

通过前面的章节分析，我们可知自贡盐业盐井凿办融资模式是一种以直接融资为主导的金融模式。按照现代金融市场理论，在直接融资模式中，金融中介发挥着举足轻重的作用。在自贡盐业中，承首人不仅是参与主体，还扮演着金融中介的角色。但不同于现代金融中介，承首人在自贡金融模式中发挥的作用更加多元化，承担的责任也更多，这无疑与农耕经济中脆弱的风险和良好的信用密不可分。鉴于此，本章将着重研究和分析承首人及其产生的经济学解释。

5.1 契约中有关承首人的规定

在自贡盐业中，承首人是指"出力办事，承首邀伙"之人，他们因"费心"而获得"只出力不出钱而分鸿息之股份"。现存的契约档案中对承首人的权利和义务规定颇多，其中最重要的是要求承首人必须"邀伙开凿"，筹集资金，保证凿井顺利进行，"不得停工住凿"。承首人既然获得了作为"费心之资"的干日份，就必须对盐井凿办相关事宜尽心尽力，恪守合约，按规行事。从契约档案中可见，承首人身负多项经济职能，对承首人的权利和义务做出规定，有利于盐井凿办活动顺利开展。因此，对承首人所承担的金融角色进行明确的定位并对其金融角色的演化进行深入研究，有助于我们更深入地理解自贡盐业盐井凿办金融模式的内涵。

5.2 承首人产生的经济学解释

承首人的出现并非偶然，其背后必然蕴藏着一定的经济学原理。笔者认为，承首人产生的原因应该从融资理论的角度去寻找答案，从金融市场和金融中介的角度去寻找根源。金融是商品经济和社会分工发展的阶段产物。金融以信用为基础，承首人的产生也离不开信用的发展。金融市场和金融机构的产生可以缓解信息不对称问题，承首人的存在也是在解决信息不对称方面发挥了作用。此外，自贡盐业凿办属于农耕经济中的企业生产活动，各参与要素按照一定机制组织生产，形成了委托代理关系。因此，本书将从商业信用、信息不对称和委托代理三个方面阐述承首人产生的经济学解释。

5.2.1 商业信用理论

信用的产生和发展，从主观角度去分析，是各个经济主体的需要，这种需要，既有利益的要求，也有伦理的需要；从客观角度去分析，则是经济发展本身的需要。人类社会的发展，是社会分工逐渐深化和市场不断扩大二者之间的互动过程。信用是随着分工的深化和市场的扩大而产生的。它形成于古代，广泛流传于近代，完善于现代。"信用"是日常生活中常用的字眼。根据《辞海》，其有三种释义：一为"信任使用"；二为"遵守诺言，实践成约，从而取得别人对他的信任"；三为"价值运动的特殊形式"。我们这里探讨的"信用"，是经济学范畴中的一种借贷行为，它是和"货币""价值"一样古老的概念，都属于经济学研究中的基本问题。商业信用是历史上较早出现的信用形式，随着社会分工程度不断提高，商品经济得以发展，商品生产者和经营者之间发生了相互赊欠，商业信用便由此产生了。

信用可以把闲置和分散的社会资金集中起来并转化为资本，在市场规律的作用下，使资金得到充分利用。在信用活动中，价值规律的作用能得到充分发挥，那些具有发展和增长潜力的产业往往容易获得信用的支持。同时，通过竞争机制，信用还会使资金从利润率较低的部门向利润率较高的部门转移，在促使各部门实现利润平均化的过程中，也提高了整个国民经济的资金效率。借助各种金融工具或信用工具，把闲置资金或闲置资源引导到投资和生产上来，从而推动生产发展，是信用经济功能的主要体现。信用可使零星资本合并为一个规模庞大的资本，也可以使个别资本通过合并其他资本来增加资本规模。现代兼并收购活动很多都是利用信用方式来进行并完成资本集中的，资本集中与积聚有利于大工业的发展和生产社会化程度的提高，从而推动经济增长。

在我国封建社会，尤其随着商品经济的出现，信用变得愈发重要。信用是维持社会经济活动的重要准则。在各类史料中，我们都可以看到我国长久以来对信用的重视，但是由于封建社会生产力低下，经济活动中不可控因素又太多，如农作物歉收等货物自然损失常有发生，使得交易对手的履约能力无法得到可靠保证，所以信用往往就表现得很脆弱。在这种矛盾下，特别是投资周期长、资金投入大的经济活动，完全凭借交易对手之间的信用很难有保障，更何况如果交易对手之间并不熟悉，还多是一次交易，不存在重复多次博弈的情况下，约束机制更难发挥作用，必然需要增信。承首人的出现恰恰就很好地实现了地主和客人之间的增信。承首人的出现是商品经济和社会分工的结果，是在传统直接信用基础上的间接信用增级。地主与客人之间可能并不熟悉，或者说二者之间的信用关系并不稳定，为了促进土地与资本结合，实现二者各自的利益诉求，他们需要寻找到一个双方都比较信得过的人充当一个信用中介，从而实现盐井凿办。承首人凭借其在自贡地区享有的社会声誉，为地主提供信用，保证在此后盐井凿办中地主提供必要的土地，并不再干涉盐井凿办事务。承首人同时也为客人提供信用，保证此后盐井凿办不会中断，维持资金稳定，以及在盐井见功时，地主和客人按照事先契约约定各自享有应得的利益，互不侵占、损害对方利益。此外，承首人可以凭借其社会关系和地位将众多零散的乡绅资金集中起来，完成资金的聚集。因此，可以说承首人是农耕经济中信用发展和盐井凿办需求相结合的产物，承首人的出现满足了在相对封闭经济体中没有血缘、亲情和宗族关系的群体之间的融资需求，极大地推动了自贡盐业经济的发展，从金融角度看亦可谓是我国封建社会具有地方特色的典型的金融因素。

5.2.2　信息不对称理论

20世纪70年代，美国三位经济学家乔治·阿克洛夫（G. Akerlof）、迈克尔·斯彭斯（M. Spence）和约瑟夫·斯蒂格利茨（J. E. Stigjiz）提出了信息不对称理论，并分别从商品交易、劳动力和金融市场三个不同领域研究了这个问题。最早研究这一现象的是阿克洛夫。1970年，他在哈佛大学经济学期刊上发表了《柠檬市场：质量的不确定性和市场机制》一文，首次提出了信息市场的概念。传统经济学假定市场信息是完全的，但是这个假定显然与事实不符。阿克洛夫以二手车市场为例，说明信息不对称及其造成的经济后果。旧车市场的例子说明了问题的本质。假定好车所占比例为 q，次品车所占比例为 $1-q$。好车有可能被次品车挤出市场。一个很有可能出现的现象是，次品车将不太差的产品挤出市场，不太差的产品又将中档产品挤出市场，中档产品则将不太好的产品挤出市场，不太好的产品将高档产品挤出市场，依次类推，最终不会有任何市场存在。假定如果对旧车的需求严格地取决于两个变量——汽车的价格 p 和旧车的平均质量 u，则旧车的需求函数可以表述如下：

$$Q_d = D(p, u)$$

旧车供给 S 和平均质量 u 取决于价格，即

$$u = u(p) , S = S(p)$$

在均衡状态中，给定旧车的平均质量，则其供给必定等于需求，即

$$S(p) = D(p, u(p))$$

如果价格下降，平均质量通常也将下降。很有可能在任何价格水平上，不会有物品买卖。

假定只有两组交易商，组 1 和组 2。用 Y_1 和 Y_2 分别表示组 1 和组 2 中所有交易商的收入。对旧车的需求将等于两组交易商的需求之和。如果忽略不可分性，则组 1 的交易商对汽车的需求将是

$$D_1 = Y_1/p, \quad u/p > 1$$

$$D_1 = 0, \quad u/p < 1$$

组 1 中的交易商提供的汽车供给为

$$S_2 = pN/2, \quad p \leq 2$$

这些汽车的平均质量为

$$L_1 = p/2$$

同样地，组 2 中的交易商对旧车的需求为

$$D_2 = Y2/p, \quad 3u/2 > p$$

$$D_2 = 0, \quad 3u/2$$

供给为

$$S_2 = 0$$

因此，总需求 $D(p, u)$ 为：

如果 $u < p < 3u/2$，则 $D(p, u) = Y_2/p$；

如果 $p > 3u/2$，则 $D(p, u) = 0$。

但是，如果价格为 p，平均质量为 $p/2$，在任何价格水平下都不会有交易发生：尽管在 0~3 任何给定的价格水平下，组 1 的交易商愿意以组 2 的交易商愿意购买的价格出售汽车。

此时金融中介的存在正好可以部分解决信息不对称问题。金融中介可以向交易双方传递更多彼此之间的信息，例如：二手车交易市场要求买主提供更多有关汽车过去的行驶信息，也可以要求专业人员帮助买方对汽车质量进行检验等。在自贡封闭的经济环境中，信息的传递速度和范围非常有限，地主和客人之间信息不对称问题严重，而且能够充分表示地主和客人双方信息的方式也非常有限，客人不知道哪块土地上凿出卤水的可能性更大，地主也不知道哪个客人可以提供足够的资金而不至于半途而废……为了解决信息不对称所造成的融资效率低下，承首人作为一种解决信息不

对称问题的金融中介便应运而生了。承首人可以是懂盐务的人，基于他对盐务知识的了解，可以打消客人对盐井开凿过程的困惑和疑虑。承首人可以是地方乡绅，基于他对该地区卤水含量的了解，可以说服客人来投资并投入大量的资金，即使在凿井遇到困难时也可以让客人继续投资，防止盐井中断。承首人可以是懂资金运作的人，基于他对盐井开凿资金的管理经验，使得地主有理由相信客人的投资意愿并配合凿井工作。因此，从这个角度来说，承首人的存在可以有效减少地主和客人之间的信息不对称问题。

5.2.3 委托代理理论

委托代理理论是金融学中一个重要的研究课题。最早讨论委托代理权分离的理论是从贝利（Berle）和米恩斯（Means）于1933年开始进行的实证研究中发展起来的，后继者鲍莫尔（Baumol）、马里斯（Marrris）等人在此基础上又进行了发展。委托代理理论将企业所有者与经营者的关系描述成无私的信托交换忠诚关系：一方面，作为所有者的风险投资人将企业的资产委托给他们信得过又具备经营能力的代理人管理，不要抵押，不要担保，完全承担授权不当的全部损失和授权得当的全部收益；另一方面，经营者顺从、忠诚地履行他们的信托责任，在竞争性的即期和远期市场上，买入当前和未来的投入，卖出当前和未来的产出，按照使企业利润或价值实现最大化的要求组织生产经营，以此来为所有者谋利。如果他们做得不好，那么，他们就会被解除信托责任，甚至被追究法律责任。这一阶段的委托代理理论是建立在无外部性、无个人利益冲突、无信息不对称、无交易成本的假定之上，是一种理想状态。

在过去的20年中，委托代理理论不断发展，威尔森、威廉姆森、罗斯、马里斯、霍姆斯特姆、格罗斯曼和哈特等人都对此理论做出了开拓性贡献。首先，他们放弃了经营者无私的假设，认为经营者不仅有自己的利益（个人效用函数），而且追求的就是自己的利益，如在职消费、经理权威等；其次，他们放弃了完全信息的假定，认为所有者和经营者的信息是不对称的。因此，即使在最佳的风险和激励安排下，经营者也仍然能更多地偏向于自己的追求。基于这个意义，哈特认为委托代理理论为现代企业管理理论奠定了基础。委托代理问题产生的原因在于委托人所掌握的信息不够，自己亲自谋划某件事情所带来的收益不如委托给一个代理人去办所带来的收益多。换言之，委托人希望找代理人为自己的目标服务，又无法确定代理人是否会一心一意地为自己服务。从经济学角度来看，每个人都是具有有限理性的经济人，都有自己追求的个人效用目标，因此，代理人能否为委托人带来利益就成为一个问题。

翻阅自贡盐井凿办契约，我们发现委托代理问题在那时的自贡就已经存在。地主出让土地，并不参与和干涉盐井凿办，客人按月支付凿井使费，似乎也不亲自组织盐井开凿事宜。他们通过雇佣专业的凿井技术人员、专业的管理团队进行生产，并通过承首人实施有效监督。从契约可知，承首人每月向客人提交月结票，客人根据承首人核准并提交的费用清单按月支付凿井费用，地主通过承首人向其他股东表达自己的意愿，甚至很多契约并不是地主与客人之间签署的，而是地主与承首人之间签署的。可见，承首人应是地主和客人双方的代理人，代理双方。按照现代委托代理理论，如果同时代理双方也容易出现问题，那就是代理人可能为了自己的利益而损害双方利益，然而我们并没有看到此类的史料记载，比如在凿井过程中承首人联合管理团队虚报费用之类。在自贡盐业的凿井实践中，为了激励承首人的费心之力，契约中会专门规定部分股份属于承首人所有，以使得承首人的预期收益与盐井凿办见功的时间长度和卤水规模成正比。为了尽快见功给自己带来巨大利益，承首人会尽力提高凿井速度，提高资金使用效率，这种安排可以部分解决凿井过程中承首人因代理双方而产生的问题。综上可知，承首人是通过代理地主和客人双方来实现对盐井凿办过程的监督，并通过股权预期收益的方式有效避免了委托代理高成本的问题。

5.3 承首人与绩效关系

5.3.1 基本假定

假定盐井开凿绩效（或产出）q 只能取两个值：$q \in \{0, 1\}$。当 $q = 1$ 时，承首人的绩效是成功的，即盐井开凿见大功；当 $q = 0$ 时，承首人的绩效是失败的，即盐井开凿未见功。成功的概率由 $\Pr(q = 1 | a, A) = p(a, A)$ 表示。其中，a 表示承首人的努力水平，它在 a 上是严格递增和凹的；A 代表土地拥有卤水的禀赋因素，它表示土地下是否有卤水，独立于承首人的努力水平，是一个完全外生的变量。假设 $p(0 | A = 0) = 0$，$p(\infty | A = 0) = 0$，$p(0 | A = 1) = 0$，$p(\infty | A = 1) = 1$，前两种情况表明不管承首人多么努力，自然禀赋决定的地下卤水是承首人无法改变的事实，承首人所取得的股权经济价值为 0，只有地主所属土地地下拥有卤水时，承首人的努力水平与盐井的成功密切相关，而且其取得的股权也是有经济价值的，表现为后两种情况，且满足 $p'(0 | A = 1) > 1$。地主和投资人构建的委托人的效用函数是

$$V(q - w)$$

其中，$V'(\cdot) > 0$ 且 $V''(\cdot) \leq 0$，w 为承首人享有的股权。承首人的效应函数是

$$u(w) - \psi(a)$$

其中，$u'(\cdot) > 0$，$u''(\cdot) \leq 0$，$\psi'(\cdot) > 0$，$\psi''(\cdot) \leq 0$。为了简化分析，令 $\psi(a) = a$。

5.3.2 最优均衡

由于承首人为当地乡绅或有名望之人，故假定承首人的行动选择是可观察和可验证的，则最优股权合同是下面最大化问题的解：

$$\max_{a,\,w} \Pi = [\,p(a\,|\,A=1)\,]\,V(w)$$

$$\text{s.t.}\quad p(a\,|\,A=1)\,u(w) - a \geqslant 0$$

构建拉格朗日函数：

$$L = [\,p(a\,|\,A=1)\,]\,V(w) + \lambda[\,p(a\,|\,A=1)\,u(w) - a\,]$$

分别对 a 和 w 求导，可得：

$$\frac{\partial L}{\partial w} = 0 \Rightarrow \frac{p(a\,|\,A=1)\,V'(w)}{p(a\,|\,A=1)\,u'(w)} = \lambda \qquad (5\text{-}1)$$

$$\frac{\partial L}{\partial a} = 0 \Rightarrow p'(a\,|\,A=1)\,V(w) + \lambda p'(a\,|\,A=1)\,u(w) = \lambda \qquad (5\text{-}2)$$

假设地主和投资人构成的委托人为风险中性，即 $V(x)=x$，代入方程（5-1）和（5-2），得到

$$u(\omega^*) = a^*$$

$$p'(a^*\,|\,A=1) = \frac{1}{u'(\omega^*)}$$

可见，努力水平的边际产出等于边际成本，承首人获取的盐井股份与其努力水平相匹配。

考虑到承首人在盐井开凿中的角色作用，不承担盐井开凿成功与否的风险，故假定承首人为风险中性，令 $u(x)=x$，可得

$$w^* = a^*$$

$$p'(a^*\,|\,A=1) = 1$$

再一次，对委托人（地主和投资人）而言，努力的边际产出等于它的边际成本。

5.4　承首人金融角色的演化

通过对承首人产生的经济学解释，我们发现承首人在盐井凿办过程中所扮演的金融角色是不断演化的。从最初简单地将地主和客人牵到一起，

到盐井凿办过程中的费用管理和纠纷处置，都反映了承首人正从一个独立的个体走向一个提供全方面金融服务的金融中介。

5.4.1 中间人和掮客

白思奇（Richard Belsky）① 等学者认为可以将传统中国社会中同乡或同职业者组成的城市团体（前者为会馆，后者即我们通常所称行会）理解为股份团体。中国传统社会中自古就有家族制财富创造和传承行为，经济关系在宗祠、婚姻等社会交往中逐步形成。在自贡，因亲情、婚姻和友情而聚集起来形成的庞大家族财产体系并不少见，而不以亲情、友情和婚姻关系为纽带的资本所有者和地方群体相结合的例子亦屡见不鲜。这些身份背景不同、诉求不同的群体齐聚一堂、齐心协力，只为了完成盐井开凿这一长期复杂且高风险的工作，这背后除了井出水火的高额利润驱使以外，承首人的穿针引线同样功不可没。承首人通过发挥类似金融中介的作用，将本地的地主与外来的客人相结合，把土地与资本相结合，并在这个过程中发挥金融中介协调作用。地主想把自己拥有的土地用作盐井开采，但苦于没有资金；客人想寻求适合的土地进行盐业开采，但苦于没有土地；承首人基于自己掌握的大量信息，凭借自己的声誉和地位，帮助有不同需求的地主和客人寻找到合适的合作伙伴，协调他们之间的各种关系，并从中获取一定的股份作为自己的回报。

在盐井开凿伊始，承首人就发挥了极其重要的作用——作为中间人和掮客，寻找合作伙伴。当然，并不是每一口盐井的开凿都是由承首人牵线搭桥，地主和客人直接商谈签约而无承首人参与的例子也有一些，但以现存的 40 余份契约为例，其中 30 余份都提到了一个或多个承首人，占总契约的 2/3 以上。也就是说，在大多数情况下，盐井的开凿都有承首人的参与。承首人在契约签订中最初所扮演的角色是掮客，掮客帮助地主物色合

---

① BELSKY R. The Social and Political Evolution of Huiguan in China's Capital City ［D］. Cambridge：Harvard University, 1997.

适的客人，也帮助客人寻找较好地段的土地所有者，即地主。现存的很多凿井契约并不是地主与客人之间直接签订的，而是地主与承首人之间签订的，地主在与承首人签约之时根本不知道客人是谁。这种签约方式的好处是可以很好地保护地主的权益，即便在将来发生利益冲突或其他不愉快的事，地主可直接与自己非常熟悉和信任的承首人一起解决问题，而不需要去直面客人，避免了因陌生不了解而产生的诸多问题。在清代，民间经济和债务纠纷的解决，很多时候依靠调解而不是诉讼审理，调解一般由具有威望的地方乡绅或者年长者来主持，因此承首人的存在有助于解决凿井过程中可以预见的各种经济纠纷。同时，在部分契约中，我们还看到承首人需支付押头银，此举可以激发承首人更快地找到客人且在此过程中尽心尽力，即激励相容。由于有自己的一份投入，因而其寻找到的客人也具有较高的质量，承首人在保护自己利益的同时也维护了地主的利益。身为掮客，承首人和地主一样，不出资本，但可以得到盐井股份，名曰"团首日分""干日分"或"浮锅日分"，这些股份通常从地主的股份中拨给。随着盐井凿办日益困难，掮客股份的数目似乎也在增加。纵观凿井契约，早期大多数承首人所得的股份在半股至一股之间。但从咸丰十年（1860年）开始，有的承首人已能获得三股甚至四股。如同地主一样，承首人直到盐井见功才能从他的股份中受益，此后则变成一个完全的盐井股份所有人，如果盐井必须再次凿办的话，他也可以以客人身份投入资本。若盐井为年限井，在到期归还地主时，承首人将与地主共同分享客人的股份。若盐井为子孙井，承首人的股份与其他持股人一样，可以代代相传。

　　承首人可以分为两类。第一类熟悉盐务但缺少资本。此类承首人一般在当地具有相当影响力，他们不提供土地也不提供资本，仅凭借其在社会关系中的地位，连接地主和客人之间的经济利益，从而入伙获得股份。从地方成长起来的承首人占据着比较大的比重，因为来自地方的承首人对地方资源比较了解，包括地主及其土地的情况。承首人又不同于地方一般的地主，在外部还拥有一些资源，便于引入资金。此类承首人虽然更熟悉地方实务和情况，但在引资方面始终存在一些局限，因此就需要第二类承首人作为市场补充。第二类承首人多是在盐场已拥有盐业相关的财富、在盐业社会关系中有很好的人际关系并有着凿井成功经验的外来商人。早期，自贡外来商人的主要利润来源于盐业商贸，很少涉及盐井凿办。但是随着时间推移和市场竞争加大，部分商人开始投资盐井开凿，这些率先进行自贡盐井凿办活动的商人便充当了承首人的角色。与本地承首人相比，他们更熟悉资本运作及相关客人群体，可以介绍其他同类型客人参与盐井凿办，而长时间的自贡生活也让他们和当地财团势力建立了千丝万缕的联系，熟悉地方事物和盐业风险。比如，洪川井的承首人张乐三，他本来作为承首人应洪川井客人之邀管理盐井，却在之后的融资中召集了一个新团队为盐井注资，最后成功获得盐井客日份①。

承首人同时兼具承首人和客人双重身份的例子在自贡盐业中并不罕见。无论是本来就拥有资本的第二类承首人，还是在经济活动中不断积累资本的第一类承首人，都可以以客人的身份投资盐井开凿并取得客日份。这种情况不难理解，当承首人获取一部分回报资金后，他们肯定不满足于以承首人享有的少量股份，而希望进一步作为客人身份投资盐井凿办，从而享受更多的收益，这是资本增值的内在动力驱使的。但是在自贡盐业契约中，对于同一股东以承首人和客人的不同身份所获得的股份是有严格区分的，比如光绪元年（1875 年）的大兴井约载：股东颜璜溪作为客人直接投资，获得锅口九份，又作为承首人出力承办，获得了不出工本的浮锅两口②。虽然同是股东，但所获股份的性质不同，享受的权利和应尽的义务也完全不同，所以在自贡盐业中，承首人的职能并不会因为其身兼两职而发生变化。

5. 4. 2 统筹和监督

除了掮客身份外，承首人在自贡盐业中还发挥着统筹和监督的作用。

---

① 吉润卿. 贡井盐场发展一瞥 [M] //中国人民政治协商会议四川省委员会，四川省志编委会. 四川文史资料选辑：第 11 辑. 成都：四川人民出版社，1964：197-201.

② 自贡市档案馆藏，档案号：3-5-4019-2。

前文已述，在地主和承首人双方建立经济关系的契约中，凿井事宜将由承首人全权负责和安排，如果后续出了问题和争端，地主将与承首人沟通，由承首人出面找客人而不是地主直接与客人谈判。自贡盐业的这种习俗要求承首人必须具备一定的协调统筹和安排管理能力。

具体而言，在盐井正式开凿以后，承首人统筹监督的职能主要体现在以下两个方面：

第一，保障凿井资金的持续不断，从而保证盐井开凿的顺利进行，不会中途停止。遍览自贡凿井契约，关于不能中止凿井的条款历来都是被重点强调的，一旦"停工凿锉"超过契约约定的时间，承首人必须无条件退还自己的股份，包括盐井凿办工具，甚至在承首人与客人双方签订的契约中，承首人还会被要求凿井中止后双倍赔偿客人的资本损失。因此，即使在凿井过程中，承首人也必须随时准备应对客人资金枯竭而产生的融资任务。鉴于盐井开凿投资巨大，风险也极大，为了确保凿井资金的连续性，自贡盐业催生了一系列保障性制度，其中最重要的就是作节制度。作节制度是一种融资方式，老客人让渡股权给新的客人以继续获取凿井资金。下一章笔者将详细讨论作节，但在这里需要强调的是，承首人在作节制度中依然扮演了金融中介角色。和盐井开凿之前寻找第一批客人和启动资金一样，在凿井资金不足时，他们依然要承担起寻找新客人、新资金的职责。

第二，对盐井日常费用的安排和监管。解决了融资问题并不等于万事大吉。在盐井开凿过程中，承首人需要跟进盐井开凿进度，维持资金运转，报告盐井开凿事宜，最重要的是保证客人按时缴纳盐井使费，以及监督这些使费投入盐井凿办中。承首人每个月需向每位客人送达月结票，这类似于今天的账单。对于未能按期按规定缴纳月结票经费的客人，承首人有权做出处理。月结票上一般会印有对于未能缴付每月经费的投资者盐场惯常采用的惩罚措施。在一个月的宽限期后，承首人将负责剥夺有拖欠的客人所持有的股份，并寻找能够担负该资金的其他客人将该股份进行转让。承首人的存在保障了盐井开凿过程中资金运作的顺利进行。

5.5 承首人的重新界定

基于以上对承首人的分析，本书结合现有文献，对承首人做出了不同于已有研究的新界定，认为承首人是自贡盐业盐井凿办金融模式中的金融中介，这也是本书一个非常重要的观点。

首先，传统的观点认为，承首人在盐井"筹备阶段，是首席发起人；在凿井期间，是过程指挥者"[①]。本书认为这种观点是有失偏颇的。首先，在盐井筹备阶段，也就是开始规划凿井、选择井基基址、筹集资金阶段，承首人的角色虽然重要，但不一定是"首席"发起人。如上文所述，现存的开凿井契约可以分为两类。第一类是地主与客人直接签订，并没有承首人参与的契约。在这一类契约中，承首人自然不可能是经济活动的发起人。当然这类契约只占少数，更多的是第二类，即有承首人参与的契约。有承首人参与的契约中又分为三种。第一种是承首人与地主之间签订的契约，内容是由承首人出面向地主租佃井基用地，并对今后的凿井相关事宜，如股权分配，进行约定。如嘉庆八年（1803 年）的天圣井约（见图 5-1），承首人陈三锡等四人"出首，承写到天后宫所置黄葛嘴凤来山地基一段，新开盐井一眼……地主得地脉水分六口……余有十八口，归承首人邀伙开凿"[②]。第二种是承首人向地主租佃到土地后，与客人所签订的契约。如嘉庆元年（1796 年）的天元井约，承首人刘昆仑等四人"写（租）得谢晋昭（地主）名下地基一埠……今凭中邀约罗天碧（客人）合作水份锅一口"[③]。第三种是地主、承首人、客人三方一起签订的契约。如同治六年（1867 年）的天源井约，客人王绪礼等三人租佃到了地主王书元

---

① 吴斌，支果，曾凡英. 盐业契约承首人制度研究 [J]. 四川理工学院学报，2007（1）：1-5.

② 《自贡盐业契约档案选辑（1732—1949）》第 20 号约。

③ 《自贡盐业契约档案选辑（1732—1949）》第 19 号约。

的土地凿井，双方各占十八口和六口股份，另外三口股份则给予承首人。细读这三种类型的契约，不难发现其实哪一种都没有写明到底是三方中的哪一方最先提出凿井的想法。换言之，可能是地主觉得自己的土地卤水丰富，于是去找承首人招商引资；可能是投资者携款而来，出于方便直接在承首人手上寻找合适的已租佃取得了使用权的井基用地；也有可能是承首人凭借多年的经验与人脉，自己相中土地和投资者，赚上一笔不出工钱的股份……总之，从契约中看，在自贡，凿井的发起人可能是地主，可能是承首人，也可能是客人。因此，虽然本书赞同现有研究所提出的"承首人多为地方乡绅或一些具有威望的人士，他们将地主和客人对接，在盐井凿办初期发挥了掮客作用"的观点，但笔者认为，在盐井凿办这一经济活动初期，承首人的角色不是"首席发起人"，而是金融中介。

作为金融中介，承首人是地主与客人之间的金融媒介，他们最重要的职能是解决融资过程中的信息不对称问题及其引起的逆向选择和道德风险问题。地主拥有土地却不熟悉市场上资本的持有者，客人拥有资本却对土地和当地状况知之甚少，相较二者，人脉甚广的承首人显然掌握了更多的信息且在信息集中方面具有效率优势。承首人作为金融中介有效解决了地主和客人之间信息不对称带来的融资效率低下的问题，并因此得到盐井股权作为回报。所以，承首人不一定是凿井活动的组织者，但地主和客人都乐意找他们提供服务筹集凿井资金、解决信息不对称问题，从而提高融资效率。承首人作为一种金融中介在自贡盐业经济中发挥巨大作用的事实是显而易见的。

其次，传统观点认为在凿井期间，承首人是凿井过程的指挥者，这一论点也值得探讨。细读自贡契约档案，承首人在凿井期间的主要职能，是保障整个开凿井工程的顺利开展，而保障的具体手段，又表现为按月收取凿井使费和对未能按期缴纳月费的股东进行必要的经济制裁。前文已经论述过，自贡盐井开凿的资金不是一次性投入的，而是由客人以月为单位，根据各自所持有股份的多少按比例定时缴纳。而承首人的重要职能之一，正是每月向客人发放"月结票"并收取月费。月结票是一种书面通知，内容包括本月凿井费用合计、自开凿至本月费用累计、本月每股应摊费用金额、股东已缴纳金额累计、扣除应摊费用后结余、本月凿井深度、凿井总深度等。这些都由承首人一一填写明确并交由股东。月结票内容的填写流程严格，有效保障了盐井的开凿，而一旦有股东收到月结票却不缴纳月钱，承首人则有权"将合约缴回，另邀伙承办，开户不得言及先使之本"，也就是说承首人有权在股东"月费不齐"的情况下无条件取消其股东身份、收回其所占盐井股份并不进行任何经济补偿。

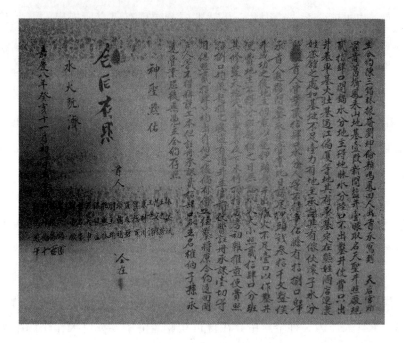

图 5-1　天圣井约

所谓凿井的指挥者，不仅要做出宏观上的决策和统筹，还要指导微观上的技术与操作，比如凿哪里，怎么凿，什么阶段需要投入多少资金……然而，仔细分析承首人在凿井过程中的职能，更多的是一种监督管理而非统筹规划。这种职能更类似于现代金融机构的贷后管理业务，是一种对资金安全的重视和对风险的防控。此外，虽然的确有部分承首人是掌握了凿井技术的技术工作者或者有多年盐井经营经验的管理者，但并没有材料表明所有承首人都精通凿井科技或者具有良好的管理技能。盐井凿办是一项专业性强、涉及面广的经济活动，必须由专业的技术团队和管理团队参与指挥。承首人只是发挥了协调各方关系并对凿井费用支出复核的作用。承首人需确保资金用于凿井而非其他支出。同时，在出现纠纷或并未按照契约实施凿井计划时，承首人代理地主和客人协调各方利益，实现盐井的顺利凿办。因此，与已有文献强调承首人具有技术、管理等方面的知识不同，本书认为承首人并不一定具备极强的专业知识，但必须有能力和信誉代理地主和客人双方监督盐井凿办相关实务，共同实现地主、客人和自己对盐井凿办早日见功的希望。所以，在凿井过程中，承首人发挥的实质作用还是金融中介。

综上所述，本书认为，承首人在自贡盐业盐井凿办金融模式中从始至终扮演的最重要的角色就是金融中介。承首人连接了地主和客人，保障了盐井凿办见功。承首人不一定是凿井活动的发起者，但在盐井开凿准备阶段，他们利用信息优势为地主或客人寻找潜在的合作对象，实现了土地和资本的对接；承首人不一定是凿井的实际指挥者，但在盐井开凿期间，是地主和客人之间沟通的桥梁，监督资金的使用，防控资金的风险，维系着不同客人资本的衔接。承首人不仅实现了自贡盐井凿办过程中土地与资本的对接，还在盐井开凿过程中提供多种金融服务，包括但不限于凿井结票核对、经济纠纷处理、后续资金筹资、协调利益分配等。

5.6　本章小结

承首人是清代自贡盐业盐井凿办金融模式中非常重要的金融因素和组成部分。承首人作为早期萌芽的金融中介，完成了资金的对接，并发挥协调各方利益的重要作用。本章主要从信用、信息不对称和委托代理理论角度论证了承首人产生的必然性及经济学解释。信用在农耕经济中占有非常重要的地位，承首人基于信用关系将彼此之间并不熟悉的地主和客人通过契约联系在一起，解决了信息不对称问题，并通过委托代理关系维护了股东利益。这些理论背后对应的是承首人所发挥的金融中介作用。承首人从凿井初期的中间人和捐客，到后期凿办中的协调和监督人，提供了多种综合的金融服务，实现了从单一的资金对接向附加的金融服务转变，这也是自贡盐井凿办过程中对金融服务产生的内生需求。承首人的存在大大提高了资金的使用效率，因此也应享有一定的收益。综上，承首人在推动构建清代自贡盐业盐井凿办金融模式中功不可没。

6 金融因素对股权关系影响的实证 分析

前文已经论述过，承首人和押头银这两种典型的金融因素在自贡金融模式中发挥了至关重要的作用。承首人提供了金融中介服务，提高了土地和资金的供给效率。押头银既保证了土地供给，又对土地价值进行了有效识别。通过对契约档案的梳理，我们可以很容易发现承首人的股份多从地主分内拨出。同时也有若干迹象表明，随着自贡盐业经济的发展，一方面由于凿井的土地有限，另一方面凿井深度越来越深，所以资金需求越来越大，土地的价值相对下降，资本的价值上升。为了更好地验证，本章将采用计量模型，从凿井契约中抽取重要的金融因素，并实证检验这些金融因素对地主和客人股权占比的影响。研究结果表明：地主股份占比相对较低且易受到承首人、押头银等金融因素影响，在1%显著性水平上负相关，与年代变量在1%显著性水平上也负相关；客人股份占比较高且相对稳定。研究结论是：土地的重要性在逐渐下降，资本的重要性在逐渐上升，反映在股权结构上便是地主的股份比例在下降，客人的股权比例在上升。

6.1 模型设计

6.1.1 样本与数据

经济金融史研究最大的难处是不易获得高质量的数据。幸运的是，自贡盐业盐井开凿契约有极大一部分保存完好，存续达 200 多年，时间跨度从封闭自守的清初、到军阀割据、再到新中国成立。这些契约不仅展示了中国近代以来集中在一个地区、围绕着一个产业生产的动态画卷，也为解读自贡盐业中的金融模式提供了可能。笔者在多地图书馆、档案馆查阅自贡盐业历史发展研究相关文献的基础上，又多次到自贡市走访和调研，访问了自贡盐文化中心，访谈了盐业知名专家和学者，获取了自贡盐井契约的第一手资料。现存自贡盐业契约相关资料主要来源于自贡市档案馆和自贡盐业历史博物馆等馆藏的历史档案，部分资料来源于自贡杨源的私人收藏。在近两千年的自贡井盐生产史上，清代发展尤为繁荣，考虑到中华民国时期政局动荡对样本的影响，本书选取的时间段为清代。鉴于盐业契约保存的完整性和可得性，本书分析的盐业开凿井契约主要包括新凿井和复淘井契约。在逐字逐句解读每份契约后，笔者抽取有用信息、获得可用样本 42 份，年代始于嘉庆元年（1796 年）止于宣统二年（1910 年）。

6.1.2 变量定义与解释

（1）被解释变量。

地主占股（Ln_ DZZB）指标代表地主占有的股数/总股数的对数值。考虑到样本时间跨度 114 年，绝对值所采用计量单位可能变化，而且同年号契约总股数有 24 锅口和 30 天的区别，为了减少不确定因素和总股数计量单位不同所带来的影响，我们采用相对指标来刻画地主、客人所持有股份在总股份中的变化情况。通过观察样本，我们发现客人占股在整个样本观察期内非常稳定，而地主占股变化比较明显。同时，为了数据更加平稳，消除异方差影响，笔者采用了地主占股的对数值（Ln_DZZB），该值还可以考察变量之间的弹性变动关系。此外，我们采用地主占股与客人占股之比对数值（Ln_GQJG）代替Ln_DZZB进行模型稳健性检验。GQJG指标可表示为地主占有的股数/客人占有的股数，该指标也是一个相对指标，用以反映地主与客人占股的相对变化情况。

（2）解释变量。

①承首人（ChenSR）。

该指标是一个虚拟变量，当开凿井契约中有承首人参与，那么该指标取值为1，否则取0。承首人是协调地主和客人之间经济关系的核心金融因素，在盐井开凿中扮演着重要的角色，其所得报酬除了以作"费心之资"的"浮锅份"外，还可能因直接投资而占有"工本挫办"的开锅水份。承首人作为金融因素在开凿井契约中所提供的中介服务及其产生的费用有可能会对地主和客人的股份占比产生影响。

②押头银（Ln_Yty）。

该指标来源于开凿井契约中押头银金额的对数值。押头银是客人在签订开凿井契约时交给地主的押金，押头银的多少可以反映土地的机会成本的多少。在大多数合约中，押头银不返还给客人。押头银作为金融因素在开凿井契约中所发挥的稳定契约交易双方关系的作用有可能会对地主和客人的股份占比产生影响。开凿井契约中，押头银单位银钱比价按照同治十年（1871年）时计算，每银一两值钱1 600文①。

（3）控制变量。

①年号（N_H）。

根据开凿井契约的时间跨度，样本契约主要经历了清嘉庆、道光、咸丰、同治、光绪和宣统共六代皇帝，考虑到样本少的现实，本书采用年号为时间的虚拟变量，根据年号先后顺序分别赋值1~6。本书采用年号虚拟

---

① 见《南溪县志》卷二《食货·钱币·六十年银价之升降》。

变量的目的是试图控制一些不可观察的宏观因素对回归方程的影响。在样本期内，凿井契约跨度的时间长，相关物价可比性比较差，原来曾考虑使用粮价进行换算，但是未找到合适的对标，故而采用年号作为控制变量考察不可控因素所产生的影响。同时，年号的变化也反映出时间的趋势项，可以让我们观察到随着时间的推移，地主和客人股权占比的影响。

②盐井类型（Dum_ Type）。

盐井的类型在前文中已做了交代，主要可以划分为新凿井和复淘井。该指标是一个虚拟变量，如果盐井属于新凿井，那么该指标取值为 1，如果盐井属于复淘井，那么该指标取值为 0。新凿井是指客人与地主签订契约时该土地内尚未有盐井，盐井为第一次开凿。新凿井虽然首次开凿，但是地主和客人双方还是充满期待，盐井凿办初期工程推进还是比较顺利的。复淘井则是指签订契约时，地主的土地上已经有开凿过的井眼存在，但由于各种原因此盐井并未涌出卤水或者出水甚微已经干涸荒废，于是地主又与新的客人重新签约整治下淘。复淘井虽然可以减少初期凿办费用，但是由于已凿办未达预期所以双方的预期会下降。新凿和复淘是两种不同状态的盐井，可能会对地主股份占比产生影响。

③盐井位置（D_ F）。

该指标是一个虚拟变量，如果约定开凿的盐井基址依山傍水，在开凿井契约中盐井基址地名出现"山、坡、溪、湾、滩、塝、沟、冲、嘴"等词，那么该指标取值为 1，否则取值为 0。卤水的形成是千万年来地质变化自然生成的结果。依山傍水等外在可见的特殊地理位置，在勘测科技还不发达的清代，可以看作对地下卤水资源丰富程度的一种预测。如果地主的土地在山间或者河边，即意味着在这块土地开凿盐井见功出卤水的可能性更大一些，因而可能对地主在契约中的股份占比产生影响。盐井的位置对于自贡盐业凿办来说是非常重要的。在当时的凿井技术条件下，盐井的位置与盐井凿办的费用呈正相关。如果盐井处于比较好的位置，很快就可以凿井见功，那么费用也将少一些；如果盐井所凿位置的地质为岩石，那么凿办的速度将非常缓慢，凿办的费用也将大幅增加。

6.1.3　模型构建

本书实证部分重点研究了金融因素对自贡盐业开凿井契约股份关系的影响。根据契约条款，笔者梳理出其中的金融因素主要包括承首人和押头银，故构建了多元线性回归模型：

$$\ln\_ DZZB_i = \alpha + \beta_1 \times Dum\_ ChSh_i + \beta_2 \times \ln\_ Yty_i + \gamma X + \varepsilon_i$$

其中，i 表示第 i 份盐井开凿井契约；$\ln\_ DZZB_i$ 表示地主（土地）股权占比的对数值，取对数便于考察弹性变化关系；$Dum\_ ChSh_i$ 表示第 i 份契约中是否提及承首人及其"费心之资"；$\ln\_ Yty_i$ 表示第 i 份契约中押头银金额的对数值；ε_i 为随机扰动项；X 为一组控制变量，包括盐业契约中提到的盐井位置（D_ F）、盐井类型（Dum_ Type）等相关影响因素，以及时间控制变量的年号（N_ H）的虚拟变量。为了进一步验证模型的稳健性，本书采用 $\ln\_ GQJG$ 变量代替 $\ln\_ DZZB$ 作为被解释变量。

6.1.4　描述性统计

表5-1为各变量的统计性描述，分别列出了各变量的最大值、最小值、平均值、中位数和样本个数。其中，地主占股（DZZB）变量的均值为0.155，地主占有的盐井股份一般在2~7天或3~6锅口，中位数为0.145，该变量近似符合正态分布。地主占股与客人占股之比（GQJG）变量的均值为0.186，客人占有的盐井股份一般稳定在24天或18锅口，中位数为0.171，该变量近似符合正态分布。押头银（Yty）变量的均值为145.9，中位数为120.0，说明 Yty 变量分布存在左偏现象，故对其取对数，$\ln\_ Yty$ 变量的均值、中位数分为 4.760 和 4.787，近似符合正态分布。承首人（Dum_ ChSh）变量的均值为0.707，中位数为1.000，说明样本中有承首人参与的凿井契约居多。盐井类型（Dum_ Type）变量的均值为0.585，中位数为1.000，说明样本中盐井类型中新凿井要多于复淘井。盐井位置（D_ F）变量的均值为0.707，中位数为1.000，说明样本中盐井

位置"依山傍水"的居多。年号（N_ H）变量的均值为4.024，中位数为4.000，说明样本中盐井契约的年代分布比较均匀。

表6-1　各变量的统计性描述

变量 （Variable）	最大值 （Max）	最小值 （Min）	平均值 （Mean）	中位数 （Med）	样本个数 （N）
DZZB	0.250	0.066 7	0.155	0.145	41
GQJG	0.333	0.071 4	0.186	0.171	41
Dum_ ChSh	1.000	0.000	0.707	1.000	41
Yty	640.00	12.00	145.9	120.00	39
Ln_ Yty	6.461	2.485	4.760	4.787	39
Dum_ Type	1.000	0.000	0.585	1.000	41
D_ F	1.000	0.000	0.707	1.000	41
N_ H	6.000	1.000	4.024	4.000	41

6.2　实证检验及其结果

本书主要采用 OLS 多元线性回归模型估计金融因素对地主占股的影响的参数值。

6.2.1　金融因素对地主占股的影响

金融因素对地主占股影响的回归结果见表6-2。

表6-2　金融因素对地主占股影响的回归结果

变量	模型（1） OLS_ 1	模型（2） OLS_ 2	模型（3） OLS_ 3	模型（4） OLS_ 4
Dum_ ChSR	-0.199 **		-0.185 **	-0.187 **
	(-2.69)		(-2.49)	(-2.52)

表6-2(续)

变量	模型（1）OLS_ 1	模型（2）OLS_ 2	模型（3）OLS_ 3	模型（4）OLS_ 4
Ln_ Yty		0.188 *	0.159 **	0.162 **
		(1.79)	(2.24)	(2.20)
Dum_ Type				-0.092 0
				(-1.12)
D_ F				0.121
				(1.55)
N_ H	-1.155 ***	-1.742 ***	-1.555 ***	-1.657 ***
	(-8.81)	(-5.64)	(-6.48)	(-6.58)
Cons	-0.152 ***	-0.263 ***	-0.243 ***	-0.227 ***
	(-4.93)	(-4.42)	(-4.84)	(-4.51)
N	41	39	39	39
r^2_ a	0.465	0.409	0.483	0.494
F_ value	18.40	26.74	12.85	8.42
	0.000	0.000	0.000	0.000

注：①双尾检验的显著水平1%、5%、10%分别由 ***、**、* 来表示；②解释变量对应括号内的数值为 t 值；③估计结果在 Stata13.0 上得到。

由表6-2可知，模型（1）到模型（4）采用 OLS 估计，被解释变量为地主占股对数值（Ln_ DZZB），模型（1）的解释变量为 Dum_ ChSR，模型（2）的解释变量为 Ln_ Yty，模型（3）的解释变量为 Dum_ ChSR 和 Ln_ Yty，模型（4）是在模型（3）基础上增加了控制变量。从表6-2可以看出，模型（1）到模型（4）四组估计结果中所有变量系数联合显著 F 的 P 值为零，拒绝了自变量系数全部为零的原假设，表明构建的金融计量模型整体显著。承首人（Dum ChSR）与地主占股在5%显著性水平上显著且为负，说明承首人的出现降低了地主在契约中的股份占比。在盐井开凿风险巨大的背景下，地主和客人很显然都不愿提前垫付承首人的"费心之资"；在盐井见功巨大利润的诱惑下，承首人很显然也不会满足一次性给付的"中介费"而更愿意采用抽成的分配方式。可见，多方因素的共同作用使得承首人的报酬采用了股份的形式。在农耕社会的自贡盐业经济中，地主代表的是土地，客人代表的是资本。通过史料分析，结合实证结果，笔者发现承首人因提供金融中介服务而取得的报酬不是来自客人的股份出让，也不是来自地主和客人双方的股份出让，而仅来自地主的股份出让。可见，从农耕经济向工业经济发展的过程中，土地要素的重要性在下降。押头银金额的对数值（Ln_ Yty）与地主占股在5%显著性水平上显著且为正，说明押头银有助于提升地主在契约中的股份占比。土地价值越大，即耕种价格越高，地主越不愿意放弃土地的耕种转而用于盐井开凿，故索要的押头银越多，地主股份占比越高。

此外，本书还发现年号（N_ H）在1%显著性水平上显著且为负，说明嘉庆至宣统年间，地主在开凿井契约中股份的占比呈现下降趋势。造成这种趋势的原因可能有两种：一种是随着盐井开凿不断推进，好口岸位置的土地供应越来越少，若想在次好、较差和极差等口岸的地理位置开凿盐井，所需要的技术和资金投入必然越来越多，土地相对价值也必然随之下降，具体表现为地主所占的股份减少，客人所占股份上升。第二种是，由于凿井技术的进步，可达到的岩层深度越来越深，即使在位置相对较差的口岸上，只要投入足够多的资金不断下凿，也有一定概率可以凿出卤水。相较地理位置而言，凿井深度和直接支撑凿井深度的资金投入显得更为重要，土地相对价值因此而下降，具体表现为地主所占股份减少，客人所占股份上升。

6.2.2　稳健性检验

为了进一步验证模型的稳健性，本书采用 ln_ GQJG 为被解释变量，回归结果见表6-3。从模型构建、各参数的估计值及其显著性来看，表6-3的结果与表6-2的回归结果基本一致，说明了本书所构建的多元线性回归模型是稳健的。在模型（1）、模型（3）、模型（4）中，我们很容易观察到承首人 Dum_ ChSR 和地主占股与客人占股之比对数值（Ln_

GQJG）在5%的水平上显著负相关，说明承首人的存在降低了地主股份的占比。在模型（2）、模型（3）、模型（4）中，我们也很容易观察到押头银 Ln_ Yty 和地主占股与客人占股之比对数值（Ln_ GQJG）在5%的水平上显著正相关，说明押头银的存在降低了地主股份的占比。这充分说明了承首人和押头银等金融因素的存在降低了地主股份的占比。

表6-3　稳健性检验

变量	模型（1） OLS_ 4	模型（2） OLS_ 5	模型（3） OLS_ 6	模型（4） OLS_ 7
Dum_ ChSR	−0.243 ***		−0.227 **	−0.230 **
	（−2.84）		（−2.63）	（−2.65）
Ln_ Yty		0.212 **	0.176 **	0.179 **
		（2.41）	（2.13）	（2.08）
Dum_ Type				−0.102
				（−1.06）
D_ F				0.136
				（1.50）
N_ H	−0.184 ***	−0.309 ***	−0.283 ***	−0.266 ***
	（−5.14）	（−4.98）	（−4.86）	（−4.52）
Cons	−0.828 ***	−1.501 ***	−1.272 ***	−1.386 ***
	（−5.46）	（−5.24）	（−4.55）	（−4.71）
N	41	39	39	39
r^2_ a	0.489	0.414	0.496	0.504
F_ value	20.12	14.43	13.49	8.72
	0.000	0.000	0.000	0.000

注：①双尾检验的显著水平1%、5%、10%分别由 ***、**、* 来表示；②解释变量对应括号内的数值为 t 值；③估计结果在 Stata13.0 上得到。

6.3　研究结论和启示

本章通过对自贡盐业凿井契约的金融解读，量化了承首人和押头银作为金融因素对金融主体的影响关系，洞察了资本和土地之间的关系，并得出以下结论：第一，在从农耕经济向工业经济发展的过程中，土地要素在经济活动中的重要性在下降，而资本的作用却越来越重要。具体表现为：地主股份占比相对较低且易受到承首人、押头银等金融因素影响，在 1% 显著性水平上负相关，与年代变量在 1% 显著性水平上也负相关；客人股份占比较高且相对稳定。第二，承首人作为金融中介，稳定和维护了地主和客人间的长期关系，提高了地主和客人的合作效率，因此被赋予了股权作为手续费和佣金收益。在盐井开凿过程中，承首人的股份具有期权的性质，给予承首人股份既不占用凿井资金，又可以更好地激发其费心之力。第三，押头银的作用类似但不限于现代合约中的定金，因为押头银的主要作用不是防止客人或地主违约，而是客人利用资本对地主进行先期补偿，实际上体现了资本和土地之间的利益平衡。

6.4　本章小结

在自贡盐业凿井契约中，地主和客人所占的股份份额体现了土地与资本之间的博弈。在对从嘉庆元年（1796 年）到宣统二年（1910 年）的大量自贡盐业凿井契约进行整理、解读、提取信息之后，本章构建了以地主占股为被解释变量的计量模型。研究结果表明，随着时间的变化，地主因土地入股享有的股份在逐渐减少，客人因资本入股享有的股份在稳步上升，土地和资本的相对作用发生了变化，土地作为既定要素，其价值上升空间有限，而资本则在清代自贡盐井开凿中扮演了越来越重要的角色。

7 作节的股权重新分配和风险管理启示

众所周知，盐井凿办是一项耗时费资的艰巨工程，因此如何保证凿井资金的持续不断，对整个凿井工程乃至整个盐业经济都具有重要的意义。在数百年的探索实践中，自贡盐业发展孕育出了一种非常重要且独特的金融制度设计，这种金融制度设计既满足了盐井凿办的大量资金需求，又开创了我国历史上股权增资扩股转让的先河，使我国股权增资扩股转让实践处于当时世界领先水平。这种金融制度设计，就是作节。

作节制度通过上下节的转让，促成了资本的积累与集中，解决了长期凿井过程中资本不足的问题，防止了资金中断，实现了资金融通。这种作节的机制在现代金融模式下也被广泛运用于一些特殊行业。作节机制作为筹集续凿资金行之有效的重要手段，在自贡盐业生产中的作用不容忽视。因此，本书专门用一章来阐释这一机制，在说明其历史价值的同时也强调其对现代金融的意义。

7.1 作节产生的现实背景和功能

7.1.1 作节产生的现实背景

在传统农耕经济中，影响盐井凿办成功与否的不确定性因素非常多，盐井开凿无疑是一项耗时费资的艰巨事业。据李榕于清同治年间的《自流井记》记载："凿井日可尺余，或七八寸，或四五寸，或数日不及寸。凿及咸水，谓之见功，常程四五年，或十余年，有数十年更数姓而见功者……凿井之工费，浅井以千计，深井以万计，有费至三四万而不见成功者，亦危矣哉……"

可见，在当时，凿成功一口井，耗时需四五年，或者十余年，甚至数十年。耗资则至少万余两银，还有耗资三四万两银不见功的，甚至在井出微水微火之前客人就耗尽了资金的情况也屡见不鲜。例如道光十九年（1839年）罗安川承佃地主刘正富基址开凿金源井，开凿12年后，"继因厂市疲滞，始停住凿"，结果一停就"荒废了七十年矣"，地主李氏的后人李仿陶等"念先父先年锉办艰难，矜罗太臣年老无依，愿给钱以资体恤"。自道光十九年（1839年）至中华民国十年（1921年）再议续凿，前后已过82年。又如天龙井，几易其主，于宣统二年（1910年）出顶下节继续集资续锉，"锉至戊辰年八月，上天赐福，井成大功，出火一百六十二口"，凿井耗时长达20余年。

作节制度的产生正是在这样耗时费资的背景下产生的，只有保证了资金的源源不断，才可能凿出价值万金的咸泉。对于初始的投资者来说，资金不足是一个常见的问题，但如果因为资金不足就放弃，所有投入都将血本无归，因此必须找到新的资金注入，作节这种融资手段也就应运而生。

而对于下节的客人来说，吸引他们的除了盐井见功带来的巨大利益，还有盐井开凿的不确定性本身。盐井开凿，情况千变万化，既然有久凿不见功者，当然也会有易姓而速成者，接手盐井投入少量资金就突然见功水火大旺也并非没有可能，因此对于下节而言，作结制度可谓一种合理且颇具吸引力的风险投资。

综上，作节制度的产生，是基于盐井凿办耗时费资这一严重制约自贡盐业经济发展的历史困局而产生的金融创新机制。

7.1.2 作节可实现资金的接力

解决凿井资金接力、保障盐井凿办见功是作节制度产生的重要原因。

众所周知，盐井凿办费时耗资，地主也不希望中途放弃，所以几乎所有凿井契约明文规定，如果盐井凿办中止，且在规定时间内不能继续开凿，客人必须放弃其拥有的全部股权，并将之无条件转让给地主。在这样的契约规则下，客人为了保护自身的利益必须积极寻求新的资金加入，这也是客人和承首人应承担的职责。上下节转让制度可以帮助客人实现自身的利益诉求，让他们已投入的资金不至于付诸东流。

自贡现存的凿井契约中，与作节相关的占到了约三分之一。作节制度成功挽救了许多由于资金困难而面临破产的盐井，至少在盐场繁荣期，大多数有生产潜力的盐井都能够通过作节制度筹集到足够的经费。以光绪三十三年（1907 年）开凿的五福井约①为例：

> 立书子孙盐井日份合约人邓芝兰……，原光绪甲辰年正月十二日，邓芝兰、陈世明承首，佃明新挡地名坪上元宝山陈光耀堂业内，复淘五福盐井一眼，每月照三十天分派……锉至丁未年，井深一百五十丈，稍见微水，不济锉费，因为负累。众伙商议，觅得卢子寿承办下节，出全井工本锉办，俟井成功，得净日份两天……

由契约可知，五福井开凿于光绪三十年（1903 年），开凿四年凿到光绪三十三年（1907 年）约有 550 米，且出现了小股卤水，但就在这个胜利在望的关头，原来的客人却资金耗尽"锉费不济"，不得不出让部分股权给下节，以保证有足够的资金使凿井继续，从而得见大功。

可见，作节制度是自贡盐井凿办中一项重要的融资制度创新，它有效地保证了盐井凿办过程中的资金接力，使盐井凿办得以顺利进行，是一种在资金积累薄弱条件下鼓励和保障投资的制度。

7.1.3 作节可实现风险的控制和转移

作节在实现凿井资金接力的同时，也是一个控制风险、转移风险的过程。一方面，上节将持有的股份转让给下节，下节获得股份的同时必须承担投入资金、保证凿井见功的责任，这就在总体上控制了风险。另一方

---

① 自贡市档案馆藏，档案号：3-5-4016-6。

面，上节在将所持有的股份转让给下节的时候，也同时将投入资金保证盐井见功的风险转移给了下节，这就是上下节之间的风险转移。从前文的分析可知，盐井凿办需要耗费数年甚至数十年，需要投入的资金量非常大，在当时的自然条件下，凿井见大功的不确定性太高，且大多客人仅凭自己无法提供全部资金，纵然可以，相对于凿井的巨大不确定性，单个客人也无法承担其产生的风险。

在自贡盐井凿办的过程中，地主通过土地入股，承担盐井开凿未见功带来的预期股权收益损失，但这个仅是预期的收益损失，地主并不承担盐井开凿过程中资金投入的损失风险，而且土地的机会成本还可以通过押头银部分收回，所以地主在凿井过程中承担的风险相对有限。承首人通过拥有的信息等优势享有部分股份，这是干股，承担的也是预期股权收益的损失，其成本可能更多为人力成本和时间机会成本，所以承首人在盐井凿办中承担的风险也相对有限。不同于地主和承首人，客人是盐井凿办最大的货币资金供给主体。资金将土地、人力、设备、材料、信息、管理等诸多要素结合，形成合力，是完成盐井开凿不可或缺的重要因素。资金的投入是长期和巨大的，这给客人带来了巨大的成本压力，如果最终盐井凿办未见大功，客人的前期投入无法收回，损失就足以使单个客人破产。可见，在盐井凿办过程中，客人承担的风险最高。

作节，在实现资金接力的同时，通过上节客人的出让，成功实现了风险的控制和转移分散。盐井凿办耗尽上节客人所有资金的同时，也说明盐井凿办往往超出了先前的预期，即超出了客人的资金预算，客人能够提供的资金也应是其最大化约束条件下的供给规模。如果此时没有作节安排，盐井凿办将会遭遇巨大的风险损失，地主和承首人损失了机会成本，客人损失了大量资金，这显然不是一个大家期待的结果。如果继续追加资金，那么不仅盐井开凿见功的希望会上升，地主、承首人、客人股权收益实现的可能性也会随之增加。作节通过股权融资的方式使得这种资金追加成为可能，控制了总体风险。同时，作节所做出的具体安排，也使得风险得到了转移和分散。作节制度通过上节客人出让部分股份的方式，实现了风险在不同主体之间的分担。下节通过追加投资，获取部分上节丢出的股份，风险同时从上节向下节转移。

7.2　盐井股份的重新分配

由契约档案可见，上节客人将股权转让给下节导致的直接结果就是盐井股份的重新分配。这里以咸丰七年（1857年）的亨通井约[①]为例：

> 立出承佃定约人罗利元伙等，今凭中佃到黄平安、黄靖忠、黄开中、黄观龙叔侄名下等，情因蚰垱大沟祖父遗留业内，先年与王姓伙办平地开锉盐井一眼，更名沟咸井，全井三十天，并一井三基，捣锉下脉，更名亨通井。比日凭中议明：稳租铜钱一百串，其钱无还。井出水、火一、二、三口，以作锉井使费，除锉井有余钱，三十天照日份分派；至于水四口，与主人分班；出火八口，亦与主人分班。或井出油十股，主人占两股。其年限自分班日起，以十四年为满。三十天日份，主人每月推地脉昼夜水火份六天，上节每月推工本昼夜水火份三天，下节锉井人每月分推昼夜水火份二十一天。年限满日，全井开地二车、廊厂等项，将三十天日份交还二十天与地主，余十天分与下节承首人子孙管业。

由该契约可知，此井客日份一共24天，新的下节出资后得到了原本属于上节的客日份的21天，而上节客人则保留了日份3天，作为先前出资的回报。地主所占有的日份并没有改变，但客人内部的股份则进行了重新分配，上节提留少，下节所得多。

当然，股份在最初的地主和客人之间、在新的客人群体之间的分配比例都会有所不同。然而，无论是哪种类型的转让与分配，参与者都会努力保证每个人所持有的股份多少真实反映出他们在盐井投资的资本多寡。下节虽然会稀释上节股东的权益，但如果找不到合适的下节，那么上节的股东将会面临更严重的损失。

[①]　自贡市档案馆藏，档案号：3-5-4016-25。

此外，在自贡盐业的约定俗成中，中途停工的下节也和之前的上节一样，会被无条件回收股权，并不能继续参与凿井相关决策。以泰生井^①为例，同治十一年（1872年），颜桂馨堂和一群客人开凿了海生井，两年后资金耗尽，便通过作节的方式将井转让给了同城盐商颜积厚。颜积厚作为下节，将盐井改名为泰生井，然而不幸的是改名不久后颜积厚就去世了，他的儿子只能停止盐井凿办。依据契约，上节颜桂馨堂等投资者给了下节颜家三个月宽限期，然后收回该井。因无资金继续凿锉，上节不得不废置该井。但当宣统三年（1911年）颜积厚的儿子想要弥补损失，自己作为中节去招揽新下节投资入股时，却被最初的上节否决了。井已收回，他便无权过问。

7.2.1 下节股份与凿井进度

下节得到的股份份额与盐井凿办的进度有很大关系。一般来说，盐井凿办的进度与盐井出卤水见功之间存在正向关系。地下盐层是相同的，只是由于地质构造存在差异，盐井开凿深度越深，出卤水的可能性就越大。如果在盐井凿办的起步阶段，上节资金就告罄，盐井见功显然还需要很长的时间，此时的上节必然要让渡大部分的股权给下节；若盐井凿办已处于尾声阶段，不日即可见大功，上节此时资金不足，则只需要让渡少量股权给下节即可。

细查契约档案可知，如果上节已凿办了很长一段时间，或是已钻到相当的深度达到了见卤水的平均水平，或已见微水微火，或有其他理由相信盐井马上就要见功，那此时作节，上节常常持有一半以上的盐井股份。以清朝末期的黔川井为例，其上下节契约中记载："立出丢上下节子孙业水火油盐井日份文约人黔川井伙等，情先年黄玉书承首佃得富厂厂垱郭家坳李如莲会业内地基一埠，邀伙锉办黔川井……锉办十年，共用本银二万余金，现有微水数担、火圈五口，因伙众有逗足、末逗足者，以至负债二千数百两，众伙无力再办，约伙筹商，甘愿丢出下节……比日当面议定，上

① 《自贡盐业契约档案选辑（1732—1949）》，第45、46、91、220、486号约。

节伙众并地脉提留子孙业日份十八天，不出使费；下节出本锉办，得子孙业日份十二天，上节取下节押头正平生银二千四百两整，四关均交，以偿外债，日后无还……"① 由此可知，因为已经有少许卤水出现，下节的风险和资金投入都预计较少，所以下节的股份少，上节提留的股份多，且下节除了负责续凿全部费用外，还需要帮忙清偿上节的债务。

如果盐井在凿钻过程中历经了相当大的困难，或坐落在特别坚硬的岩石上，或是有其他迹象表明下节将耗费大量资本，那这种情况下，下节往往会得到2/3甚至更多的盐井股份。例如民国七年（1918年）出丢下节的丰顺井，井约记载："立承顶上下节昼夜水火油子孙净日份合约人恒泰灶伙等，今凭证顶到丰顺宝井三十天伙内名下先年置买富邑上北新罗垱地名珍珠冲业内锉办盐井一眼，原名丰顺井，以三十天为度，现无天地二车，廊厂已成荒坝，其井深二百余丈，未能成功，无力锉办，至今恒泰灶伙等承顶锉办下节。比日三面议定：下节出本锉办，占昼夜水火油子孙净日份十八天；上节不出锉费，占昼夜水火油子孙净日份十二天。另外，上节取下节押头九七平漂银四百五十两整，其银两当即交清，日后无还。"② 由契约可知，丰顺井原有凿井深度已达600余米却依然没有卤水，如今荒废已久也没有配套设备，因此风险较高，可能需要大量投入才会见功，所以此例中上节占股十二天，下节占股十八天，下节占股高于上节。

当然，除了上述两种情况以外，更多的时候，资金短缺时盐井只凿到一半，即使根据经验，也无法准确判断到底何时会见功，此时盐井见功与否对于上下节客人都是未知信息。在这种情况下，盐井股份转让最常见的形式就是盐井全部股份在新旧客人之间平均分配。如光绪三十一年（1905年）的顺隆井约（见图7-1）载："……上节提留昼夜水火油净日份十五天；下节备本凿办，占子孙业昼夜水火油净日份十五天，共成三十天。"③

① 《自贡盐业契约档案选辑（1732—1949）》第54号约。
② 《自贡盐业契约档案选辑（1732—1949）》第52号约
③ 《自贡盐业契约档案选辑（1732—1949）》第49号约。

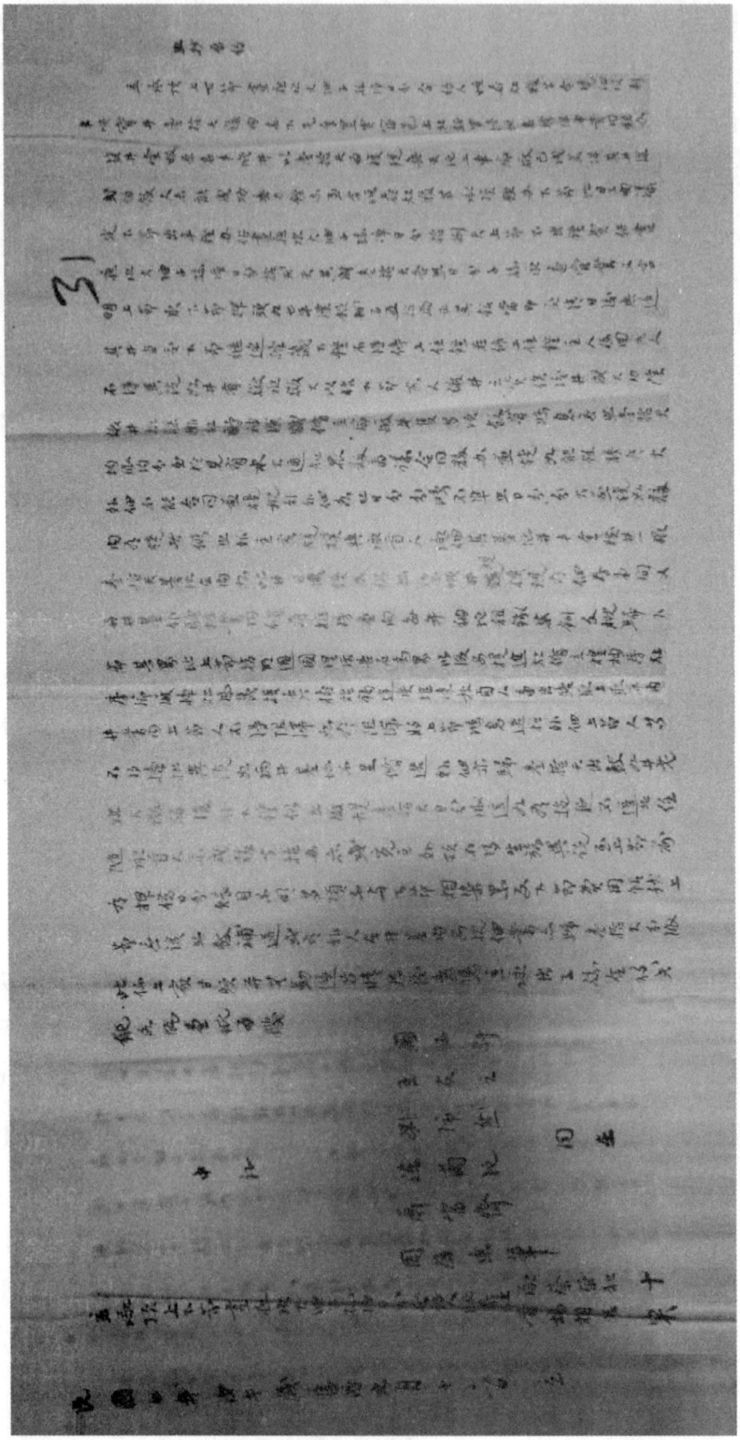

图7-1 顺隆井约

7.2.2 下节股份与顶价关系

上节是否要求下节事先缴付现金，即所谓的"顶价"，也会影响股份的重新分配。一般来说，如果存在顶价，上节将会让渡更多的股权给下节。尽管契约中没有明确说明顶价的原因，但顶价存在最大的可能是：在无法预期盐井何时见功的情况下，上节已耗费了大量的资金，如果下节的加入在短期内仍无法见功，那么上节将损失更多，因此上节为了尽快脱手并兑现部分损失，可能会要求下节先行支付一定的顶价，作为其前期资金支出的补偿，故而上节将要放弃的股份也较多。从这个角度来说，如果顶价存在则表明上节对盐井见功并不抱太大希望。如中华民国三年（1914年），丰来井的上节股东就放弃了 2/3 的股份，通过顶价获得了白银1 400两[1]。

然而，事实上，盐井凿办过程并不一定总是按照人们的预期发展。当上节对凿井抱有希望的时候，可能天不遂人愿；而当上节绝望放弃、转丢下节的时候，可能距离成功仅有一步之遥。正是基于这样的不确定性因素，下节也会通过顶价获取更多的盐井股份。

为了更好地保护下节的利益，也为了鼓励下节继续增加资金，在部分上下节契约中也会规定，当下节接手盐井并凿办一段时间后，如果凿井进程比预期慢，下节可以要求上节出让更多的股份。如王三畏堂与两位承首人签订的复淘德龙井约，"上节交出德龙井原有基址，听凭下节建筑一切，上节占水火油盐岩净日份十二天，不出锉费；下节出资锉办，占水火油盐岩子孙净日份十八天"[2]。到了第二年，下节已凿达 240 余丈，仍未见功，资金投入很大，但产量未见增长迹象。于是，王三畏堂与承首人商量请求上节丢出 12 天中 2 天给下节以资激励，下节客人愿意支付押山同市洋 300两作为顶价。此后，又过了两年，资金支出超过了 40 000 两，井深超过了

---

[1] 自贡市档案馆藏，档案号：42-3-32-35。

[2] 《自贡盐业契约档案选辑（1732—1949）》第 59 号约。

300 丈，仍未见功，这时上节又丢出了 2 天股份给下节。经过两次调整，上节占日份 8 天，下节占日份 22 天，下节拥有的股份约是上节的三倍。

7.2.3　下节股份与伙议出让

自贡盐业中的上下节股份出让，多采用伙议出让的方式。为了调动伙内出资续办者的积极性，也为了防止外资乘虚而入，部分契约会以限制下节的出让行为为条件，在股权出让中提供优先认购权等特别优惠，以确保股份出让仅限于伙内进行，这样盐井股份也可以始终保留在伙内。"不得私顶外人"就是上下节契约中最常见的规定，它的意思是原来的上节在出售股权时，必须先征得其他上节客人同意，在其他上节客人不行使优先购买权的情况下才可以出售给外来的下节客人。伙议出让的好处是在维持盐井开凿免于荒废的同时可以保证上节的股权不被稀释，也可以保证上节的话语权，使得客人群体原有的关系网络不会出现大的震荡。这里以咸丰元年（1851 年）的西海井①为例，当时客伙罗光普等人，在地主王余桔业内，平地开凿西海井一眼，地脉日份 6 天，客人日份 24 天，均系子孙永远管业。咸丰五年，"见过微功，地主王余桔分过鸿息"，但未进班，继续下挫。咸丰七年（1857 年），客人股份出现重大变化，其中 18 天客日份"杜卖"易主，随即西海井更名为金海井。同治三年（1864 年），"将井淘好，未能下锉，银两不齐，停数年"。同治九年（1870 年），为使淘好停工之井继续下挫，又对股份进行了重大调整。"伙内邀集再次商议，各伙愿逗银两，照占日份逗出；不愿逗银者，个人所占日份每天让出时辰八个只占时辰四个，不逗工本。周翔记占日份二天自出工本，有鸿派分。"这样，金海井 24 天客日份，被分割为两大部分：除周翔记以外的原客伙所占 22 天缩减为 7 天 4 时不逗工本见功分红日份；原客伙周翔记所占则为 2 天加上节丢出 14 天 8 时，扩展至 16 天 8 时接井出资续凿见功分红日份。

然而，想始终保持"不得私顶外人"是非常困难的，当上节逐渐抽身

---

① 自贡市档案馆藏，档案号：42-1-1934-2，42-1-1931-3，42-1-1922-41。

离去不再提供凿井资金，下节逐渐变成伙外新客的时候，上下节制度也使盐井的股权关系变得非常复杂。这里以天龙井（天龙井约见图7-2）[①] 为例，清初时，毛志远堂和高经畬堂，以德合号的名义买下了莲海井并将其改名为天龙井，毛高两堂及其子孙共拥有盐井日份20天，地主寡妇袁罗氏及子孙拥有地脉10天。1910年，德合号将股份转让给了新下节李五美堂，自己保留了日份4天，李五美堂拥有日份16天。1927年，德合号又将保留的4天日份中的1天转让给了李伯权。李五美堂也从地主袁氏手里买了地脉日份5天，使其股份总数达到21天。1927年，李五美堂将日份8天转让给了瘳忠厚堂，自己还剩日份13天。1928年，李五美堂又将另外的8天转让给了秀洋灶的合伙人李思九等。至此，李五美堂还剩日份5天，而天龙井的股东已达到了14人，且其中12人都是原始股伙以外新加入的股东。

在上下节制度中，上节股东其实扮演了类似地主的角色。上节不再投入资金，在进班之前也不享受利润，而对于盐井的继续凿办和管理，也同时丧失了话语权。下节将成为盐井凿办的实际指控人和管理者，这也是为了方便下节更高效地安排凿井事宜，以使盐井见功、确保所有股东的共同利益。作节制度本来是基于自贡盐井凿办实践所产生的一种约定俗成、普遍被众人认可和使用的融资制度，后来则逐渐演变成一种合法的强制实施制度，可谓是一种习惯与契约的完美结合。作节制度的存在，确保了盐井开凿中资金的不断注入，它通过给予新客人与其投资相对等的风险和收益，在明确界定此前债务归属的基础上，通过股权的出让解决了凿井面临的资金瓶颈问题，既保护了上节的利益，也让下节享受到了盐井收益。综上，作节制度毋庸置疑是自贡盐井开凿中最核心的融资金融工具。

---

① 《自贡盐业契约档案选辑（1732—1949）》第58号约。

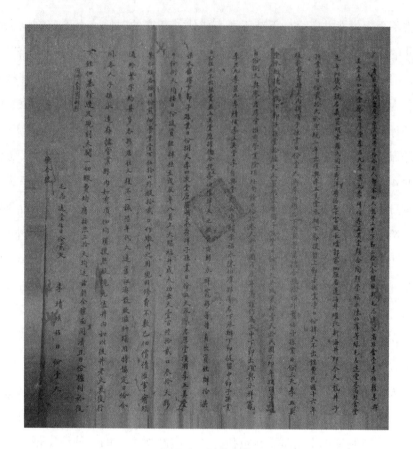

图 7-2　天龙井约

7.3　作节与绩效结果

7.3.1　基本假定

考虑到一个简单的融资问题，风险中性的承首人 D 需要安排资金 K 进行盐井开凿。一个风险中性的客人 I 为盐井开凿活动提供所需的资金，当资金不足时，可通过谈判方式实现资金接力，即作节。

在盐井开凿启动之后，某个事件（θ）将发生，它将会影响到盐井是否继续开凿，并采取作节行动（a）。这些行动将会影响到承首人的成本或收益，即 $h(a, \theta)$，如果采用作节行动，一段时间之后，盐井开凿成功，回报（r）实现，风险投资活动结束。承首人的效用函数为 $U_E(y_E, a) = y_E + h(a, \theta)$，其中，$y_E$ 为承首人的货币收入，$h(a, \theta)$ 为作节成功给承首人带来的额外收益，例如声誉等。客人仅关心货币收益，效用函数为 $U_1(y_1, a) = y_1$。在凿井结果未知和巨大的资金需求约束下，完全预期将来可能存在的冲突是不可能的。为了应对未知的情况，承首人和客人的决策权分配非常重要。

为了简化问题，本书仅假设存在两种可能的情形：好的状态和坏的状态，即 $\theta \in (\theta_B, \theta_G)$。若事件发生了，凿井事件仅存在两种行动选择：要么中止，要么继续，即 $a \in \{a_L, a_C\}$。最后，收益取决于凿井成功与否，即 $r \in \{0, 1\}$。假定好状态的事前概率为 $\Pr(\theta = \theta_G) = p \in [0, 1]$，在事件 $\theta_i(i = B, G)$ 和行动 $a_j(j = L, C)$ 的条件下，高回报的概率为 $y_j^i = \Pr(r = 1 | \theta = \theta_i; a = a_j)$。同样，为了简化，$h(\theta_i, a_j) = h_j^i$。行动与事件发生状态相关：在好的状态，更加偏好于继续行动；而在坏的状态，更加偏好于中止行动，且继续行动的最终结果为凿井成功。好的状态更易于盐井开凿成功，卤水产量也高，承首人股权收益更大，但承首人的付出努力较少，其他收益较低。坏的状态不易于盐井开凿成功，花费的时间和资金较多，卤水产量相对较少，承首人股权收益相对较低，但承首人付出的努力较多，其他收益较高，因此，

$$y_C^G + h_C^G > y_L^G + h_L^G$$

$$y_C^B + h_C^B > y_L^B + h_L^B$$

$$y_C^G + h_C^G > y_C^B + h_C^B$$

$$h_C^B > h_C^G$$

为了简化，令 $y_L^G = 0$ 和 h_L^G，表明盐井开凿状态好时，若中止开凿，承首人的股权和其他收益为0；令 $y_L^B = 0$ 和 h_L^B，表明盐井开凿状态坏时，若中止开凿，承首人的股权收益为0，即

$$y_C^G + h_C^G > 0$$

$$y_C^B + h_C^B > 0$$

凿井必须产生的收益足够高,以保证客人意愿提供资金,于是,满足约束条件:

$$py_C^G > K$$

7.3.2 均衡分析

承首人收益最大化为

$$a_E^i = \arg \max_{a_j}\{y_j^i - k^i + h_j^i\}$$

其中,$i \in \{G, B\}$ 表示自然状态 θ_i,$j \in \{C, L\}$ 表示选择的行动。对于承首人来说,他总是希望这个收益最大化。这个收益最大化包括货币资金收益 y_i^i 最大化、好状态下的盐井开凿见大功收益 y_C^G 最大化、坏状态下的盐井开凿终见功收益 y_C^B 最大化、其他收益 h_C^i 最大化(包括好状态下的 h_C^G 和坏状态下的 h_C^B)。

在好的状态时,$y_C^G > y_L^G(y_L^G = 0)$,且 $h_C^G > h_L^G(h_L^G = 0)$,承首人一定会继续行动,客人基于好状态下的乐观预期,也会同意继续追加资金,最终实现地主、客人和承首人各自的股权收益。

在坏的状态时,$y_C^B > y_L^B(y_L^B = 0)$,$h_C^B > h_L^B(h_L^B = 0)$,且 $h_C^B > h_C^G$,承首人也会继续行动。在这个过程中,承首人仍不需出资,且只有继续行动,寄希望于盐井开凿最终成功,才会取得非零收益。这个过程需要客人继续追加资金,但是客人基于坏状态下的悲观预期,不会同意继续追加资金。如果这种状态发生,地主、客人和承首人各自的股权收益将会无法实现。

为了破解这个难题,自贡盐井开凿契约中采用作节制度:上节客人出让部分股份给下节,且在后续的投资中,不出任何资金;而留存的股份收益实现依赖于下节客人的不间断投资。这样,上节客人转变为类似于承首人的角色,他们急切想找到下节客人,坚持在坏状态时继续行动,因为

$$y_C^B > y_L^B(y_L^B = 0)$$

虽然上节客人留存股份的份额与坏状态密切负相关，但是继续行动使得他们所持有的股份（即使少量股份）的预期收益大于其行动中止时的预期收益。正是在作节的融资机制设计下，自贡盐井开凿不因困难而停顿，资本通过作节的巧妙设计推动盐井开凿。

7.4 作节对风险投资的启示

7.4.1 作节与风险投资的异同

自贡盐业盐井开凿是一项高风险的持续投资活动。盐井开凿周期长，不确定性因素多，资金需求大，资金投入又无法预测，因此只依靠初始的客人群体很难实现巨额又无法预知的融资总量。作节则有效地解决了这个难题：当上节客人的资金用尽盐井却尚未见功时，上节客人可出丢部分股份，下节客人则可以通过出资来享有上节客人出丢的股份。作节不是一次性动作，而是一个可以不断重复的过程，当下节的投入不足以支持凿井使费时，还可以仿制上节再次出丢新下节，如此不断延展，直至凿井见功。

自贡盐业盐井开凿中这种特殊的作节制度，与我们现在的风险投资（venture capital，简称"风投"），如A轮、B轮、C轮……融资，非常相似。二者本质上都是运用股权进行多次融资，其蕴含的金融原理是相同的。现在的风险投资，是指投资于创业风险企业，为其提供资金支持并取得公司股份的一种融资方式。风险投资的投资者一般由一群具有专业投资经验和知识的人组成，他们在市场中寻找合适的投资对象，采用直接投资获取公司股权的方式，提供资金给资金的需求者。之所以称为风险投资，是因为被投资的对象具有诸多不确定性，投资本身具有高风险的特点。

具体而言，作节制度与现代风险投资具有五大相似之处。第一，投资对象都处于初创期。在自贡，盐井开凿是整个盐业生产的初始阶段，也就是第一步。无法成功开凿盐井，后面一切都是空谈。而现在的风险投资，也偏向于选择一些类似轻资产、高科技的初创企业，而极少选择已经成熟的企业。第二，投资本身具有高风险。自贡盐井开凿风险非常高，开凿成功与否不仅受资金实力的高低影响，还受自然禀赋优劣影响。资金是重要因素，但不是唯一的决定因素。现代风投的对象也一样具有高风险特征，风投的成功不仅与资金规模有关，还与初创企业的产品和创意有关，资金是成功不可或缺的因素但也不是唯一的决定因素。第三，投资并不以经营被投资公司为目的。现代风投大多将资金用于投资新创事业或未上市企业，出资人仅提供资金及其专业知识与经验，以协助被投资公司获取更大利润。而在自贡盐井开凿中，客人出资的目的主要是用于凿井，并期待凿井见功后的分红，他们也并不执着于参与盐井见功后的经营管理，这与现代风投十分相似。第四，通过出资享有股份。客人通过出资享有盐井开凿的多数股份，风险投资出资人通过直接投资占有股份，二者都是通过出资享有股份。第五，二者都采用相同的方式处理资金不足问题。在自贡，盐井开凿若遇资金不足，采用作节，上节出丢中节，中节出丢下节，一节一节以此类推，最终实现凿井资金接力。而现代风投则采用多轮的融资安排，A 轮、B 轮、C 轮……不断增资扩股，实现公司的孵化。

虽然存在诸多相似之处，但自贡盐业中作节的制度安排又与现代风险投资存在着十分明显的区别。

首先，二者产生的背景和制度环境不同。现代风险投资的雏形出现于20 世纪六七十年代的美国，当时一些愿意以高风险换取高回报的富人放弃了向铁路、石油等传统工业的投资，而是把资金转向新兴科技产业。1946年，世界上第一家风险投资公司——美国研究发展公司（American Research and Development Corporation）成立。回顾自贡盐业的发展，股权融资相关契约最早见于清乾隆年间，即 18 世纪 70 年代第一次工业革命期间，出现时间早于西方国家约 200 年。当时的中国正处于康乾盛世，是农耕经济发展的高峰，却尚不具备现代公司产生的制度环境。可见，二者产生的宏观背景和制度环境是完全不同的。

其次，二者追求的最终目标不同。虽然从短期看，作节和风险投资的目标都是项目融资，但是二者对最终目标的追求存在很大差别。现代风险投资追求的是股权增值，因为多轮融资之后，商业价值及预期的前景价值开始显现，股权价值上升。而自贡盐业中的盐井股权融资显然不同于此，相关参与人追求的是盐井开凿见功后的巨大利润。而且在盐井的开凿过程中，随着开凿深度加深，后期的资金投入也不断增加，预期盐井见功的不确定性上升，股权的价值反而在下降。在这种情况下，自贡盐业的股权持有者绝少选择以出卖股权获得收益，而是一心希望盐井见功。从一点来讲，作节和风险投资有着本质的不同。

再次，二者的再融资的制度安排不同。风险投资一般通过增资扩股的形式启动下一轮融资，总股份增加，新股东一般为其他投资者，原股东的股份将被稀释。但是自贡盐业中的作节制度，采用伙内协议出让的方式，总股份不变，下节客人的股份来自上节客人出丢的部分股份，从而保持了股东人员结构的稳定性。

最后，二者的退出机制不同。风险投资是一种阶段性投资，退出机制对于风险投资来说非常重要。现代风险投资一般通过发行上市、兼并与收购或场外交易实现退出，这说明风险投资的出资人并不会长期持有股份，导致出资人的行为具有一定的短视性，造成了其与创始人的目标或利益冲突，最终有可能不利于企业长期发展。而自贡盐业中，大多盐井为子孙井，即"子孙永远管业"，就是说盐井股东及其子孙可以持有并继承盐井股份，因此相对而言自贡盐业中较少涉及退出问题，这使得投资人的利益与地主、承首人保持一致，大大减少了利益冲突，从而更有利于各方关系的稳定。在缺少现代公司治理制度的大环境下，自贡盐业中股权融资安排与现代风险投资的不同，使其有效地避免了现代风险投资中存在的诸多不利因素，从而更好地服务了自贡盐业盐井开凿及后来的盐业生产活动。

7.4.2 作节对风险投资的启示

在作节制度中，有一个值得注意和思考的地方，就是上节并不是一次性将股份全部出丢：无论节次如何流变，即无论下节是否又因资金不济而再丢下节并呈现上、中、下结构，不出工本的上、中节伙人，始终都占据着全井一定数量的股份，以便见功后支取一定的鸿息。在自贡盐业中，有一条被广泛采用的规则叫作"丢半留半"，意思就是上节将自己持有的股份均分，一半转让给下节，一半继续保留，如光绪十五年（1889年）海生井约中，上节颜桂馨等就将自己持有的21股平均分为两半，提留10股半，丢与下节10股半。当然，"丢多留少""丢少留多"的情况也很常见，但无论如何丢留，上节始终会提留一部分股份继续持有。

出丢下节意味着盐井经营权将由下节一手接管，契约中常有"自丢之后，任随下节办理，上节伙等不得干预"，"上节主人交出……原有基址，听凭下节建筑一切"等语。表面上看，上节似乎失去了一切，实际并非如此，上节仍持有地脉日份，不出工本，像地主一样，坐等见功收利。因为上节保留了一定比例的股份，所以仍可以从股东的角度督促下节抓紧时间凿办盐井。

在上一节中已有论述，作节和风险投资的核心区别之一在于二者的最终目的不同，风险投资的最终目的是股权价值上升，作节是为了盐井见功后获取利润。不一次性将股份全部出丢的做法，正是为了服务和保障盐井见功，即实现项目盈利这一最终目的。上节提留部分股权，不一次性卖出的制度安排，有利于全部客人协调一心，共同接力实现盐井凿办见功。在凿井过程中，上节有丢有留，一方面可以帮助上节享有盐井凿办见功带来的巨大利益，另一方面可以防止上节客人恶意损害下节利益。如果上节客人可以将股份全部出丢给下节，那么上节客人可能会营造一种盐井快见功但苦于自己资金用尽的假象，欺骗下节支付高额的顶价，然后使得自己从盐井凿办的泥潭中解放出来，而下节则被深度套牢。如果下节在支付高额顶价之后，发现自己上当受骗，也许又会效仿上节做法，如法炮制欺骗新的下节，如此恶性循环，自贡盐井凿办将成为概念包装和炒作题材，真正的凿井办井将无以为继，自贡盐业的辉煌发展更是不可能出现。这样炒卖概念的状况，正是当今风险投资中存在的主要问题之一。风险投资可以将社会上各种创新和创意从理念变为现实，但在多轮的股权融资中，常常会出现 A 轮投资人套取 B 轮投资人资金，B 轮投资人套取 C 轮投资人资金的情形，究其根本，就是因为没有有效手段去保障风险投资者的目的与原始股东的目的一致。反观自贡盐业，作节制度中上节提留少量股份的制度设计，恰恰可以有效保障下节的资金全面围绕盐井凿办这个实体项目展开，上节不仅不会骗取下节资金、逃离盐井，反而还会全程参与和关注盐井凿办的一举一动，甚至主动监督下节的凿办进度。这便是上下节制度设计的精妙所在，也是保障盐井最终实现盈利的核心所在。

虽然近代以来自贡盐业盐井开凿在资金筹集时已极少采用作节制度，但毋庸置疑，作节的核心理念对我们今天的经济金融活动，尤其是风险投资活动，仍具有非常重要的借鉴和启发意义。比如在现代风险投资的退出机制中，就可以借鉴"丢半留半"的理念，完善相关法律法规，加强监管力度，积极发展和完善地区股权转让市场。

7.5 本章小结

在清代自贡盐井凿办过程中，契约明确规定了上下节融资制度安排。作节机制有效地保证了自贡盐井凿办过程中的融资需求，也保证了客人和地主的股份利益得以延续。在当时的生产力水平下，只有作节这样的机制安排才能满足盐井凿办对资金的巨大需求。在上下节的制度安排中，上节丢出部分股份给下节，丢出股份的份额往往与盐井凿办的前期情况相关，如果还需要下节投入更多的资金，那么上节丢出的股份就较多。同时，在丢出给下节的过程中，还存在顶价的制度安排，顶价使得在盐井凿办未见功时上节客人可以获得一定的经济补偿。此外，在上节丢出下节时，也同现代股份转让一样，其他上节客人具有优先认购权，即伙议出让。

细读作节的机制安排，不难发现其与现代公司治理中的股票增资扩股（增发）非常类似，特别是与股权风险投资基金高度相似。但现代股权投资中常常有巨大的风险暴露，这些风险暴露主要体现在上轮投资者对下轮投资者的欺骗中，因为上轮投资者可以全部转让股权而不实施保留，从而导致道德风险。因此，基于自贡盐业盐井凿办中作节制度的成功经验，笔者建议在风险投资性质的股权转让过程中，上节应保留部分股权，以形成一定的约束机制，从而使得上下轮投资者形成利益一致的行动共同体。

8 土地资本化给予我国农地改革的启示

通过对清代自贡凿井契约分析，本书发现从最初的土地租佃，到后来的土地入股，在自贡盐业中，土地从一开始的农耕用地走向了资本化的工业用地，土地性质从农业属性向资本属性转变，地主通过以土地入股的方式，完成了土地的资本化。土地资本化，就是指把土地资源作为资本来经营，从而获得一定经济报酬的经营过程[①]。土地是生产和生活资料，更是赖以生存的民生基础，因此土地资本化最直接的目的之一，就是给土地所有者带来收益。我国农村目前的土地制度是集体所有制，因此土地资本化的目的就是让土地使用权所有者，即广大农民增加收益、提高生活水平。就最终目的而言，无论是清代自贡盐业经济中的土地资本化，还是今天我们所讨论的农地资本化，都是一致的。此外，由于新型城镇化、工业化的加速，现阶段我国城市发展对土地的需求也一直存在，这种需求和自贡盐业经济中客人对井基的需求有异曲同工之妙。而相对应的，我国劳动力从农村向城市转移等原因，使得农村出现了许多闲置土地，如何合理地配置土地资源，让土地从单纯农耕用地中解放出来，提高土地使用效率，这在自贡盐业经济中也同样是地主们积极思考的问题。可见，清代自贡盐业经济中让土地从农耕用地走向井盐生产用地的土地资本化经营模式是尤其有借鉴意义的。以史为鉴，可以知兴替。研究金融史，不仅是为了弄清我国

[①] 黎翠梅. 土地资本化与农村土地制度的创新 [J]. 财经论丛，2007 (1)：43-47.

农耕经济中的金融问题，也希望从历史经验中寻找出对当前社会经济发展的启发意义。当前，我国农村土地改革正处于关键时期，土地流转及土地市场化相关的议题争论不休。鉴于此，本章将讨论自贡盐业经济中土地资本化给我国农村土地改革的启示。

8.1　土地资本化的经济学证据

我们在讨论土地资本化时，首先必须明确一个问题，即在自贡盐业经济这种合伙集资开凿井模式中，地主的土地资产到底有没有转化为土地资本？

以彭久松为代表的部分学者认为，"表面上看地主似乎是以土地投资或土地入股而取得股东资格的，实际上地主只不过是以分占企业特别股的形式向投资者即井基租佃者收取了地租……因之，地脉日份持有者井基地主不应该是契约股份制井业中真正意义上的股东，他只是披着股东外衣，干着分食投资股东杯中羹的勾当，如此而已"①。

这种观点立论的依据源于马克思在《哲学的贫困》一文中的一段阐述，马克思指出"土地资本的代表不是土地所有者而是土地经营者。作为资本的土地带来的不是地租而是利息和经营利润"②。马克思认为，土地资本的主体必须是经营者，即自贡盐业中的"客人"，而不是作为土地所有者的地主。

但同时，马克思也在《资本论》中做了更进一步的阐释："资本能够固定在土地上，即投入土地，其中有的是比较短期的，如化学性质的改良、施肥等等，有的是比较长期的，如修排水渠、建设灌溉工程、平整土地、建造经营建筑物等等。我在别的地方，曾把这样投入土地的资本，称

---

①　彭久松. 中国契约股份制 [M]. 成都：成都科技大学出版社，1994：153.

②　中共中央马克思恩格斯列宁斯大林著作编译局. 马克思恩格斯全集 [M]. 北京：人民出版社，2006.

作土地资本。"① 也就是说，马克思认为附着在土地上的固定资产，是属于土地资本范畴的。

在自贡盐井凿办的金融模式中，地主的身份除了土地的所有者外，还是"地脉日分"的持有者，因此在讨论土地资本化的时候，搞清楚"地脉日分"的性质究竟何属，是绝对不能忽视的。

有学者认为，自贡盐场契约股份制合资井之地脉日份，其性质无疑是也只能是地租，只不过表现为派定日份的形式，通过一定的股份所得进行收取或交纳，因而地脉日份持有者，即地主就不可能是合资井真正意义上的股东，他只是与投资客人通过土地的出租与承租建立了租佃关系，坐享自然物所有权的赐予，如此而已。这种观点显然是有待商榷的。

纵观清代的开凿井契约，约尾"咸全上涌，水火并济""一锉成功，源远流长"等字样屡见不鲜，这些投资人与地主共同签署的契约背后透露出双方迫切渴望财富增值的心情，双方的目标是完全一致的。从心理上讲，地主并不单纯只是守望着地租坐享其成，从实践上讲，也绝对不是。

在这个问题上，笔者同意吴天颖教授的观点，赞成"缔结租佃井基的出山约，是迈向土地资本化的第一步"，而"当凿井见功，水火达到预期的产量、质量标准，地主正式进班后，他也就登堂入室，跻身于盐业资本家行列，土地资产彻底转化为土地资本"②。

虽然从表面上看，开凿井契约一旦签订，地主所拥有土地的土地所有权和使用权就分离了，但这种分离并不等于地主与生产活动也同时分离了。从大量留存的契约档案中，我们可以清楚地看到地主参与生产活动的证据。

首先，关于地基的租赁与收益。随着凿井活动的深入和人力物力的不断投入，时常会出现灶基不够需要新增土地或者有其他投资人希望在本基址上修建灶房管笕的情况。第一种情况是扩大生产的追加投资，第二种情

① 马克思. 资本论 [M]. 北京：人民出版社，1975：698.
② 吴天颖. 富荣盐场年限井：子孙井燀替考 [J]. 中国经济史研究，2017 (5)：87-109.

况是土地带来的额外收益。然而，解决方式都是地主与投资者共同出资分利，而不是由投资者单方面追加投资或者地主坐揽全部土地收益作为地租。在档案中，第一种情况表现为"如本井基址不够修造另佃，俱应三十天出钱"①，第二种情况表现为"本井界址内，或佃与别井修造廊厂、灶房或放白水笕、盐水笕路，获有租利，亦照三十天均派"②。也就是说，当需要扩大在土地租赁方面的投资时，地主必须按照开凿井契约时约定的股权分配比例与投资者共同投资，而当地主的土地带来其他收益时，地主也必须按照开凿井契约时约定的股权分配比例与投资者分享收益。简而言之，地主在以自己的土地入股之后，依然必须参与后续的生产投资并分享土地带来的额外收益。

其次，地主以土地入股后，虽然不需要支出凿井费用，但仍需要支出后续生产中的各种材料和人工费用。这些费用包括修建不动产，如车房、柜房、牛栏、楻桶房等；添设生产设备，如椎架、花滚、天滚天车、地滚地车、锅炉、钢绳、汲筒、楻桶、铁钩、竹笕等，价格不菲。如中华民国十一年（1922年）开凿的江流盐岩井，总投入白银 35 000 余两，其中凿井投入约15 000两，剩下约 20 000 两为修造购买费用，而这些占总投资一大半的修造购买费用，都是由地主和投资者分摊共同投资的。

这一部分的支出，根据契约规定的不同，可能发生在凿井见功、地主进班之前，也可能发生在地主进班之后。在地主进班之前，地主或可根据契约不参与分摊投资，但在凿井见功、地主进班之后，这种分摊的支出就成了一种惯例和一种必须，即遵守"厂规"。厂规规定："井成大功之日，修竖廊厂、取石取土、安笕放水、抬锅运炭、堆渣放卤、牛马出入、风篾定桩、放牛下河滚水，主人业内并无阻滞，其有修造廊厂、安笕开沟放卤一切使费，及酬神演戏、门户课银，概照厂规二十四口均派。"可见，地主除了土地之外，在凿井成功到正式投入生产这期间亦有参与生产活动所

① 《自贡盐业契约档案选辑（1732—1949）》第 51 号约。
② 《自贡盐业契约档案选辑（1732—1949）》第 49 号约。

需的各项投资。

最后，在前期的井基灶基开凿和生产设备修造购买都完成了，盐井正式投产以后，地主依然在生产活动中发挥着十分重要的作用，即调度指挥生产事宜。这种调度指挥权最明显的体现是在"分班"这一生产安排上。清朝早期的分班，就是把一个月的30天分成两部分：一部分时间由投资者掌管煎烧卤水，收益归于投资者；而另一部分时间由地主掌管煎烧卤水，收益归于地主。如乾隆四十四年（1779年）的同盛井约中所载："井出之日，地主每月煎烧七天半昼夜，（投资人）蔡姓每月煎烧二十二天半昼夜。"[①] 可见，地主和投资人的分班时段有着相当明确的划分，利益归属也一目了然，而在自己当班的时段内，地主很明显是拥有调度各种生产事宜的权利的。

然而，分班生产的形式必然会打断生产的连贯性，各自当班也往往会造成短期经济行为对资源的过度索取和竭泽而渔的破坏性开采，所以为了维护资源的可持续发展和双方的长期利益，在咸丰、同治之后，分班的生产形式逐渐减少，取而代之的是把分班的单位"天"演化成一种股份的计算单位，也就是我们常见的"日份"，盐井的收益则根据股份的比例分享。

总而言之，根据以上三点，我们可以清楚地看到自贡井盐的开采中，地主的行为绝不只是以土地收取地租，而是切切实实地对"固定在土地上的资本进行了投入"并且参与了生产经营活动，这完全符合马克思对土地资本的定义。

而从更广义的角度看，土地资本这个概念可以有更宏观的定义和理解。土地本来就是具有资产特征的，因为其既具有稀缺性又可以给所有者带来预期收益，所以当土地参与流转并在一系列的生产经营运动过程中实现增值时，土地就变成了土地资本。而如果存在一个土地市场让土地可以在市场上自由流通、自由交易并实现增值，那就可以称之为土地资本化了。

---

① 《自贡盐业契约档案选辑（1732—1949）》第1号约。

众所周知，我国实行的是以社会主义土地公有制为基础和核心的土地制度，也就是说除了集体土地转化为国有土地之外，土地所有权是不会发生变化的。因此，我们这里探讨的土地资本化，实际上应该是指土地使用权的资本化。

8.2　自贡盐业中的土地资本化模式

在农耕经济中，土地价值的重要性不言而喻。在现代社会中，土地的重要性虽在下降，但土地所表现出来的资本属性仍具有重要的要素价值。土地具有可靠的安全性、持久的自偿性、确定的增值性、证券化的流动性等特征。鉴于此，在自贡盐业经济发展过程中，土地所展现出来的资本属性在今天对我国的农地改革仍具有重要的启发意义。

8.2.1　土地租赁

土地租赁在自贡盐业生产中是一种非常常见的土地资本化模式，其大量出现在井基租佃契约、井灶租佃约、各种类型的配套设施用地基址租佃约以及筧路租约中。

我们以光绪二十八年（1902 年）的一起路基租赁[①]为例：

立出佃文约人熊永慎、熊永富、熊永贵、熊永兴等，今凭证将祖遗分受基业地名高坡，佃与济洼井名下，人畜出入路径、码头基址，及一切抬锅运炭、堆渣放卤、来往盐水、取土取石，概在业内。一佃十二载，其年限自壬寅年七月初一日起，至甲寅年七月底止。三面议定：佃价九七平纹银四十两整，自佃之后，并无阻滞；如有别故，主人自行理楚，不与客人相涉。空口无凭，立承、出二纸，各执一纸为据。

这是一纸清晰的定额租佃约，出租人是"熊永慎、熊永富、熊永贵、

[①] 《自贡盐业契约档案选辑（1732—1949）》第 106 号约。

熊永兴等"，承租人是"济洰井"，租赁的土地名为"高坡"，租期为"壬寅年七月初一日起，至甲寅年七月底"，租金为"九七平纹银四十两整"。其间，承租人享有在其租赁的土地上运输、仓储、取土取石等权利，出租人不得干涉。

根据我国国情，农村土地租赁实质上是农村土地使用权的出租。若上例放在目前，这种农村土地使用权的出租就是出租方将承包地的使用权租赁给其他人，并因此获取租金的行为。出租后，农村土地的承包权依然属于出租方，而承租方在农村土地使用时也必须遵守法律法规和双方约定的相关规定。这可以看作土地资本化中最简单明了的一种方式。

8.2.2　土地股份合作制

以土地入股是自贡盐业经济土地资本化中最大的特色，也是我们今天最值得借鉴的模式之一。

土地入股的概念是指土地所有者以其所有权入股，并与其他投资者构成股份合作经营关系。放到自贡盐业生产中，就是指地主以自己的土地作为井基、灶基，从而获得股份"地脉日分"。土地入股的模式在凿井相关的各类出山约和复淘约中不胜枚举，我们在前文已有讨论，此处就不再赘述，仅举嘉庆元年（1769 年）的天元井[①]为一例：

立合约人刘坤伦、焦忠秀、李万盛、李文元四人，写得谢晋昭名下地基一□[②]，平地开凿新井一眼，取名天元井。做水份开锅二十四口，谢姓出井基、车基、过江，得去地脉水份六口；其有一十八口水份，交与承首四人管业。今凭中四人邀约罗天碧名下合伙做水份锅一口，子孙永远管业，当每一口出底钱一十二千文整，后吊凿之日，每一口每一月出使费钱一千六百文。如有一月不齐，承首人将合约缴回，另邀伙承办，开户不得言及先使工本；倘工本来齐，停工住凿，承首之人得过钱一吊退还两吊。

---

① 《自贡盐业契约档案选辑（1732—1949）》第 18 号约。
② 此处原档案无法辨识，故用□代替，下文同。

家伙滚子全水归与李万盛，二十四口不得争占。修理天地二车、二房、下木竹，一十八口开户均出，不与地脉六口相干。恐井微水、微火，以帮做并使用，地主等不得分班；大水、大火，停工住凿起推，二十四口各出使费，承课注册，子孙永远营业。空口无凭，立合约纸永远为据。

在这则契约中，地主谢晋昭以自己的土地为井基，与投资者、承首人合伙"平地开凿新井一眼，取名天元井"，并因此获得全部股权"水份开锅二十四口"中的"地脉水份六口"，并且股份可以传于子孙永远继承，即"子孙永远管业"。这就是一种典型的以土地入股从而完成土地资本化的方式。

目前，我国农村土地所有权都归集体所有，因此农村土地入股实际上不是农村土地所有权入股而是农村土地使用权入股。农村土地所有权入股是指实行家庭承包方式的承包方之间为发展农业经济，将土地承包经营权作为股权，自愿联合从事农业合作生产经营；其他承包方式（四荒地承包）的承包方将土地承包经营权量化为股权，入股组成股份公司或者合作社等，从事农业生产经营。

农村土地所有权入股作为土地资本化和土地承包经营权流转的一种重要方式，不仅可以提高农业劳动生产率、推动农业规模化经营，还可以优化农村土地及农业劳动力的资源配置，是当前我国农村土地产权制度改革创新的重要课题之一。

8.2.3 土地使用权买卖

《四川盐政史》载："盐井出卖有连地皮一并扫卖者，亦有只售盐井者，此种则须于地皮每年认付租钱。井如枯竭或定有期限，届时均由有地之主收回。"也就是说，在自贡盐业生产中，盐井的买卖主要有两种形式：一是将井灶与土地一起买卖，即"井灶全业"的买卖；另一种则是只售卖盐井，不售卖土地。换言之，前者是地主将井基与土地一起出售，是完全意义上的所有权的出让；后者则只是在一定期限内转让了土地所有权，这与我们今天所面临的农村土地使用权买卖的情况更为相似。

在实际操作上，连同土地本身一并买卖的案例是相对较少的。绝大多数情况下，买卖契约的内容都仅包括井基、井灶等，而不包括土地本身，而契约的交易形式也不是土地所有权而是"日分""锅口"等。在买卖中，作为卖方的地主也不一定会一次性出让其所有的日分和锅口，更多的时候地主会根据情况有选择性地进行保留和出售。

这里以道光二十二年（1842 年）的天宝井的地脉出卖约①为例：

立出扫卖井份地脉文约人堂叔王明信，今将祖遗桐梓垱石塔上天宝井，每年每月水火昼夜净日份二十七天四时有零，一并扫卖：天地二车、廊厂、柜房、财门、灶房、厨房、牛棚、车房、大樘桶。界前抵财门外大路，与买主连界，后抵高坎石岩为界，左抵钟姓海洋井石墙为界，右抵天全井石垣墙直下财门，与买主合界。四址踩踏分明，并无紊乱。荒废井眼、牛马出路、抬锅运炭，寸土寸石寸木寸竹片瓦一并扫卖，并无提留。今因无力世守，情愿请凭垱首中证，出卖与堂侄王三盛伙等名下管业。比日凭中三面议定：买价纹银八百两整，九七平兑，即日亲收入手，并无少欠分厘，亦无货物准折。自卖之后，任凭买主子孙永远管业推煎，卖主子孙亲房人等不得生端异说，如有生端异说，一力有卖主承认，不与买主相染。其有书写茶果，一并在买价内。日后井见大功，卖主子孙不得言及挂红等语。空口无凭，立出扫卖井份地脉契约永远存据。

在上述契约中，卖方是地主王明信，所卖的内容为自己因为土地所有权而获得的地脉日分"每年每月水火昼夜净日份二十七天四时有零"与天宝井基址上的"天地二车、廊厂、柜房、财门、灶房、厨房、牛棚、车房、大樘桶"。契约中"寸土寸石寸木寸竹片瓦一并扫卖，并无提留""任凭买主子孙永远管业推煎"等约定即表明土地所有权的彻底出让，时限为"永远"。而出让的获利则是"纹银八百两整，九七平兑"。

在我国，目前农村土地使用权的买卖主要表现为荒地进入市场时的拍卖和集体建设用地在土地市场的买卖，农户个人的买卖行为是比较少的。

---

① 《自贡盐业契约档案选辑（1732—1949）》第 146 号约。

虽然从理论上讲农户可以在市场上卖出其承包地的使用权并因之一次性获取大量收入，但这种方式同时也意味着需要承担失去承包地的风险，所以鲜有实践。

8.2.4 土地使用权抵押

在自贡盐业经济发展的各种借贷契约之中，还有一种常见的形式就是土地抵押。这种土地抵押的抵押物虽然是"地脉日分"，但"地脉日分"的实质是因土地使用权而带来的股份价值份额，所以用"地脉日分"抵押的实质也就是土地使用权的抵押。

如光绪二十八年（1902年）海流井的抵押契约[①]：

> 立出押文约人王德信、王政信，令凭证借□□王子良名下九七平漂银一百两整。比日面议：每月每百两行利息二分二厘，照算此数。愿将先人留业新埒地名高硐锉办盐井一眼，更名海流井，与尹姓合推，为王德信、王政信名下应占日份十五天整。今出押与王子良，以作信□□□，随要随还。□□□□□□□□□□，并无少欠分文。空口无凭，立出押借约一纸在据。

在这一抵押契约中，借款人是王德信和王政信，抵押物是"先人留业"土地上开凿的盐井海流井之股权"日分十五天整"。这十五天整的日分，其中就包括了对应祖传土地的使用权，也就是说如果借债无法还清，相应土地使用权等抵押物就必须交由债权人出卖抵押。

当前，我国农村土地使用权的抵押是农民融资的主要途径之一。农村土地使用权抵押是指"以农村集体经营性建设用地使用权、农村承包土地经营权与农村住房财产权等为抵押进行融资"[②]的行为。它不仅反映了当前我国农村产权改革发展的需求，也体现了农业生产向现代化转型的现实需求，可视作一种解决农村贷款难、激活农村金融市场的有效途径。然

---

① 《自贡盐业契约档案选辑（1732—1949）》第632号约。

② 程郁，张云华，王宾. 农村土地产权抵质押：理论争论、现实困境和改革路径 [J]. 金融监管研究，2014（10）：10-27.

而，在实践中，一是农户缺乏有效的抵押资产，二是抵押资产要变现又障碍重重，三是相关的金融机构也缺乏化解风险的机制与渠道，所以农村土地使用权抵押面临一系列的困难。

8.3 对农村土地改革的启示

8.3.1 明确农村土地使用权的界定

我国农村土地的基本制度是集体所有制，自 1978 年建立和推广了以家庭土地承包经营为基础、统分结合的双层经营体制，使农村土地的所有权与使用权分离。这种分离直接导致了农村集体土地所有权的行使主体的归属不清。从理论上看，根据《中华人民共和国宪法》和《中华人民共和国土地管理法》的有关规定，农村集体土地所有权的主体应为乡（镇）、村和村民小组三级。《中华人民共和国民法典》规定："（一）属于村农民集体所有的，由村集体经济组织或者村民委员会依法代表集体行使所有权；（二）分别属于村内两个以上农民集体所有的，由村内各该集体经济组织或者村民小组依法代表集体行使所有权；（三）属于乡镇农民集体所有的，由乡镇集体经济组织代表集体行使所有权。"但从实践上讲，上述的三级主体都各自面临着不同的现实问题。首先是乡镇，虽然全国有近万个行政乡（镇）都建立了集体经济组织，但绝大多数形同虚设，并没有起到相应的作用。乡级农民集体组织和乡（镇）政府本质上属于基层行政机关，同时兼作农村集体土地所有权的主体本来就并不十分适合。其次是村委会，虽然依据法律，村委会可以行使集体所有权，但现实中村委会无论是财政收支还是人事任命大都取决于上级机关，这种依附性使得村委会更像一个"准行政机关"而不是经济组织。最后一级的村内的农民集体也就是村民小组，究其本质只能算作集体经济的组成部分，就更谈不上独立的农村经济组织了。因此，我国农村土地产权的主体到底是谁，是一个亟待明确的问题。

从档案中可以看到,在自贡的盐业经济产业中,无论是土地租赁契约、土地入股契约、土地买卖契约还是土地抵押契约,其中土地的所有权归属都是非常明确的,地主就是唯一的产权主体,土地归地主所有,地主拥有对自己土地独立且排他的处置权。借鉴自贡的经验,我国的农村土地资本化,首先应该明确土地所有权的主体,对国家和农民集体之间的土地权利界限做出一个清晰的界定,具体划分并说明二者各自拥有哪些土地以及在相应土地上的权限有哪些。同时也要继续对农民实现其所有权的有效途径进行探索,把农民集体对土地的所有权具体到个人、实现土地所有权主体的人格化。此外,还需要完善农村土地所有权的权能,赋予农民集体对本集体土地所有权完整的处分权能,强化农民对其土地的占有权、使用权、收益权,以及一定的处置权。最重要的是在土地所有权归属明确的基础上,要进一步明确个人对土地使用权的界定。我国是社会主义国家,土地所有权归国家和集体所有,个人只享有使用权。如果想借鉴自贡模式,深化农村土地改革,增强土地的资本属性,必然还将面临一个重要的问题,即农民对土地使用权范围的界定。从 20 世纪 70 年代末小岗村的经验来看,农民享有土地的承包经营权,主要体现为耕种权。随着我国改革开放和城镇化进程推进,农民向城市转移,导致农村土地的耕种权及耕种价值逐步退化,农村土地荒芜的现象已成为普遍问题。如果想让农民重新热爱起曾经耕种的土地,就必须将土地的价值从农耕中解放出来。如果想让农村土地具有更多的资本属性,更具有投资吸引力以聚集资本,就必须赋予农村土地更多的用途而不是只有耕种一种选择。因此,为了激发农村土地活力,笔者建议应进一步明确界定农民所享有的土地使用权,这种使用权不应局限于农耕,而应拓展至林、牧、副、渔、旅游、第三产业、企业用地等。只有这样,才能激励和保障农民出让土地使用权而获取非耕种用地的租金,并通过土地使用权入股甚至出让而获得收益。

8.3.2　鼓励农村土地入股和农村土地抵押

自贡盐业经济中土地利用给我们的第二个启示，是在农地使用权界定基础上，鼓励农民以一定的价格入股，在其土地上发生的经济投资活动，或者鼓励农民通过农地使用权抵押融资从事一些经济活动。当前，我国农地在入股和抵押的实践方面尚存在很多困难，其中最主要的一个是土地作价。由于我国农村土地流转问题还在理论探讨和实践实验阶段，土地使用权的价格尚无合理的市场价格形成机制，农地入股和抵押行为因此严重受制。如果没有价格可遵循，或者说没有形成一个合理的价格发现机制，我们将无法准确度量土地使用权出让的价值。如果仅从土地的农用价值来衡量，土地的使用权价值将会被严重低估，从而影响农民的积极性，何况国家政策尚未鼓励农地的非农业用途，在政策不明朗的情况下，农村土地很难有新的价值增值。在无法准确衡量农村土地价格的情况下，农村土地的租赁方或投资方很难给出高价，这又会导致农村土地流转不活跃。因此，只有首先确保农民拥有的土地使用权价格被正确估计，农村经济才能活跃。

在自贡盐业生产中，地主以自己的土地入股，虽然从表面上看投资方式和投资范围都比较单一，仅仅是与投资人一起投资井盐的生产，但从客观上讲，这种单一的投资方式和投资范围，都是地主自主选择的结果，并没有受到法律法规或者其他人为因素的限制。这种自由选择所造成的后果，就是大量土地从农耕用地向商业用地转变。在我国，为了保护农耕用地不被破坏，一般禁止农耕用地的商业化，这是农地使用的前提。但即使是在这个前提下，农耕用地也还有很多其他的价值空间。根据农业经济发展的一般规律，分久必合，家庭作坊显然已无法满足现代化农业耕种的需要，家庭分散的耕种模式不仅效率低下，而且不利于现代化大型机械的科学耕种。农地的集约化发展已成为我国未来农业高附加值耕种的必然之路。在这种背景下，在维持农地非商业化用地的前提条件下，农村应采用一种模式将家庭土地的使用权集中起来，再通过租佃或者入股的方式参与集约化耕种，这样农地的使用权所有者不仅可以从繁重的农地耕种中解放出来，还可以享受集约化高附加值经济产出的收益。若如此，农地也具有了资本属性，有助于农地抵押，加快农村经济发展。

8.3.3 建立农村土地使用权交易中介制度

我国农村土地改革，特别是在农耕用地流转方面，效果尚不如人意，市场交易的不活跃严重影响了农村土地的价值发现。有些学者认为，要搞活农村经济，农村土地就需要流转，要流转就要建立土地流转市场，只有建立了土地流转市场，土地的使用权价值才可以通过市场的供求决定。但在实际中，农地的耕地属性决定了农地不可能也不会像商业用地那样可以挂牌询价，因为从事农业耕地需求的涉农经济团体远不及商业集团投资者那样资本实力雄厚，农业用地的投资回报率也不可能和商业用地的投资回报率相媲美。因此，想通过建立农地流转市场从而更好地发现农地价值的做法的可行性不大，或者说这种方法在我国目前的市场条件还太不成熟。

在农村，很多从事农业经济相关的地方投资者，虽不及商业投资者那样实力雄厚，但也积累了一定的资本，他们希望通过租佃或投资农地来从事生产活动，以改善家庭成员的生活状况；还有一些返乡的知识分子，也希望通过租佃或者入股农地来从事高附加值经济活动。这些投资者都拥有资本，也相对拥有更多的科学知识和管理能力，更懂得如何合理高效地利用土地，但苦于没有规模化的农地。如果让他们挨家挨户去找农民商谈，那必将耗费大量的时间和精力，太不现实。为了解决此类问题，提高农地集约化的投资效率，就像自贡盐业经济产生了承首人一样，我们也需要一个中介在投资者与农民之间牵线搭桥。

在自贡盐井凿办过程中，我们看到了承首人所发挥的重要作用。承首人作为连接地主和客人的纽带，增强了地主和客人之间的信用，协调了地主和客人之间的利益纠纷，成功实现了地主和客人的资金对接。在农地流转市场尚未建立的情况下，我们不妨通过承首人这种模式来提高农地使用效率。在当前情况下，农村人口流动频繁，很多农户的家庭成员在外务工，如果需要租佃其土地使用权很麻烦，但是农村的村干部及专业大户长期在家，对每家每户情况非常了解，建议可以发动村干部及专业大户去对接一些项目，并且协调各家土地使用权出让或者租佃事宜，同时通过一些关系网络寻找合意的投资者。而且，村干部和专业大户对国家的农地政策比较了解，清楚掌握农地的使用范围，可以避免走弯路。因此，笔者认为，村干部、专业大户可以发挥类似承首人的作用，从而提高所在地方农地的使用效率和价值。这在当前不失为一种为农户增加收益、加快农村经济发展的可行途径。

8.4 本章小结

从清代自贡盐业盐井凿办中我们看到了土地从农耕属性向资本属性的转变，且随着经济和技术发展，土地的资本属性趋于稳定。在清代自贡的凿井融资模式中，地主可以通过用土地租佃、入股等方式参与盐井凿办并获得不出工本钱的鸿息。在我国农地改革深化的大背景下，我们可以借鉴自贡土地租佃、入股的做法，在国家和集体土地所有权确定的基础上，明确农民的土地使用权，鼓励承包经营土地的农户将土地流转、租赁、入股、抵押甚至转让出卖，集约化使用土地以提高土地使用效率和价值，增加农民收入，推动农村经济发展。此外，在缺乏有效的农地流转市场的情况下，建立以村干部、专业大户为带头人的类似于承首人的中介制度，通过他们的专业知识和关系，充分利用现代信息网络，为农村土地的集约化经营招商引资，切实提高农村土地的使用效率和价值。

9 结论

　　盐业与中国社会发展密切相关。自贡因盐设市，自贡盐业经济发展千年、盛极一时，这一切自然与金融密不可分。保留至今的自贡盐业契约档案为研究我国农耕经济中的金融问题提供了宝贵的第一手资料，本书即以清代自贡盐业凿井契约档案为基础，深入研究了自贡盐业盐井凿办中的金融模式问题，还原了自贡盐业经济中真实存在的金融要素，提炼了融资方式，界定了金融参与主体及其中的金融关系，考察了金融工具的职能，再现了清代自贡盐业经济既有金融模式的同时，亦以史为鉴，从风险投资和土地资本化的角度对我国当代的股权融资及农地改革提出了建议。本书的主要结论如下：

　　第一，自贡盐业经济的特殊金融模式是切实存在且有效的，这种模式以股权融资为现实表现，以地主、客人和承首人之间的金融主体关系为纽带，运用作节和押头银两大金融工具共同构建而成。它出色地解决了盐井开凿中的资金需求，极大地推动了盐业发展，为自贡盐业的繁荣提供了坚实基础。清代自贡盐业盐井凿办的金融模式的成功，证明了在我国农耕经济中，近代意义上的金融融资模式早已存在，金融非但没有缺位，反而一直都在发挥重要作用。对于清代自贡盐业盐井凿办的金融模式的研究，有助于我们更加深刻地理解我国在农耕文明向近代社会转变中特有的实践与经验，从而在中华民族"文化自信"内涵中，探寻并形成以"金融自信"为指引的学术理论体系。

　　第二，就自贡盐业盐井凿办的金融模式本身而言，融资采用股权方式，参与主体由地主、客人和承首人构成。地主和客人享有的股份数额依照当时的盐业社会生产力水平及习俗设定，其中，客人股份占比通常高于地主股份占比。随着技术进步，地主股份占比逐渐下降，客人股份占比逐渐上升，土地和资本的相对作用发生了变化，土地的重要性在下降，资本的重要性在上升。承首人类似于现今的金融中介，其通过解决融资中的信息不对称问题，实现了地主和客人合作效率的提升，获得了不出工本的由地主拨给的少量股份。该股份具有期权的性质，既不占用凿井的资金，又可以较好地激发承首人的费心之力。作节是盐井开凿增资扩股的有效工具，优先采用伙内出让的方式。作节实现了凿井资金可持续，客人股份在上下节客伙之间重新分配。押头银兼有押金和租金的双重性质。押头银不是对地主盐井预期收益的补偿，而是对地主租佃收入机会成本的补偿，体现了土地的价值，具体表现为押头银越多，地主股份占比越高。

第三，承首人在清代自贡盐井凿办模式中扮演着金融中介角色、发挥着金融中介作用。本书从信用、信息不对称和委托代理理论角度出发，论证了承首人产生的经济学解释。信用在农耕经济中占有非常重要的地位，本书认为，承首人正是基于信用关系将彼此之间并不熟悉的地主和客人通过契约联系在一起，解决了信息不对称问题，并通过委托代理关系维护了股东利益。此外，通过对承首人演化过程的深入研究，本书认为承首人的职能实质就是金融中介，承首人向主客双方提供了多种综合的金融服务，承首人的演化过程也使其自身实现了从提供单一的资金对接向提供多种附加金融服务的转变，这一转变同时也是自贡盐业盐井凿办过程中对金融服务产生的内生需求。

第四，自贡盐井开凿的巨大不确定性催生了作节机制。作节实现了资金接力，保障了盐井开凿的全部所需资金，同时控制了盐井开凿的总体风险，也转移和分散了客人所承担的风险。作节可以理解为现代风险投资的雏形。近些年，我国社会流行将各种创新和创意从理念变为现实，风险投资基金成为这类市场投资主体。例如，现有风险投资所采用的 A 轮、B 轮、C 轮……融资与作节看似非常相似，其蕴含的金融原理是相同的，本质上是运用股权进行多次融资。但该种风险投资存在诸多问题，细加分析，足见该种风险投资与作节并非完全相同。在风险投资中，一般投资者进入投资越早，资金风险越大。而分析作节机制，我们可以清楚地看到，作节的关键是上节在出让股份时提留了若干股份，不是一次性全部转让，这样做的好处是使得上下节客人利益一致，不会出现现代风险投资中 A 轮投资人套取 B 轮投资人资金，B 轮投资人套取 C 轮投资人资金的情形。毋庸置疑，作节对我们今天仍具有非常重要的借鉴和启发意义。

第五，自贡盐业盐井凿办的金融模式也是土地入股、土地资本化的成功典范，这对我们今天的农地改革具有借鉴意义。在清代自贡盐业盐井凿办的金融模式中，地主可以通过土地租佃、入股等方式参与盐井凿办并获得不出工本钱的鸿息。在当代社会，土地同样可以通过土地租赁、土地股份制合作、土地使用权转让或者抵押等不同方式体现出其资本价值。在我国农地改革深化的大背景下，我们可以借鉴清代自贡盐业盐井凿办的金融模式中土地租佃、入股的做法，在国家和集体所有权确定的基础上，明确农民的土地使用权，鼓励承包经营土地的农户将土地流转、租赁、入股、抵押甚至转让出卖，集约化使用土地以提高土地使用效率和价值，增加农民收入，推动农村经济发展。此外，在缺乏有效的农地流转市场的情况下，建立以村干部和专业大户为带头人的类似承首人的中介制度，为农地的集约化经营招商引资，切实提高农村土地的使用效率和价值。

参考文献

[1] ZELIN M. The Merchants of Zigong: Industrial Entrepreneurship in Early Modern China [M]. New York: Columbia University Press, 2005.

[2] ZELIN M. The Rise and Fall of the Furong Well-Salt Elite [M] // ESHERICK J, RANKIN M. Chinese Local Elite and Patterns of Dominance. Berkeley: University of California Press, 1990.

[3] ZELIN M, OCKO J, GARDELLA R, et al. Contract and Property Rights in Early Modern China [M]. Stanford: Stanford University Press, 2004.

[4] ZELIN M. Merchant Dispute Mediation in Twentieth Century Zigong, Sichuan [M] //HUANG P, BERNHARDT K. Civil Law in Qing and Republican China. Stanford: Stanford University Press, 1994.

[5] FAIRBANK J K, GOLDMAN M. China, A New History [M]. Cambridge: Belknap Press of Harvard University, 1992.

[6] BELSKY R. Beijing Scholar-Oficial Native-Place Lodges: The Social and Political Evolution of Huiguan in China's Capital City [D]. Cambridge: Harvard University, 1997.

[7] CHUNGLI C. The Chinese Gentry: Studies on their role in Nineteenth-Century Chinese Society [M]. Seattle: University of Washington Press, 1955.

[8] PINGTI H. The Ladder of Success in Imperial China: Aspects of Social Mobility, 1368—1911 [M]. New York: Columbia University Press, 1962.

[9] PINGTI H. The Salt Merchants of Yangzhou: A Study of Commercial

Capitalism in Eighteen Century China [J]. Harvard Journal of Asiatic Studies, 1954 (17): 130-168.

[10] CRAWFORD W. The Salt Industry of Tzeliutsing [J]. China Journal of Science and Art, 1927, 5 (4): 20-26.

[11] CHIANG T. The Salt Industry of China, 1644—1911: A Study in Historical Geography [D]. Manoa Valley: University of Hawaii, 1975.

[12] NEEDHAM J. Science and Civilization in China [M]. New York: Cambridge University Press, 1986.

[13] KUMARASWAMY M M, ZHANG X Q. Governmental Role in BOT-led Infrastructure Development [J]. International Journal of Project Management, 2001, 19 (4): 195-205.

[14] LAMOUREUX M. A Supply Chain Finance Prime [J]. Supply Chain Finance, 2007 (1): 1-8.

[15] 自贡市档案馆, 北京经济学院, 四川大学. 自贡盐业契约档案选辑 (1732—1949) [M]. 北京: 中国社会科学出版社, 1985.

[16] 彭久松. 中国契约股份制 [M]. 成都: 成都科技大学出版社, 1994.

[17] 张学君. 论近代四川盐业资本 [J]. 中国社会经济史研究, 1982 (2): 57-67.

[18] 宋良曦. 自贡地区的钱庄、票号与盐业发展 [J]. 盐业史研究, 1994 (2): 13-22.

[19] 刘云生. 自贡盐业契约语汇辑释 [M]. 北京: 法律出版社, 2014.

[20] 张学君, 冉光荣. 清代富荣盐场经营契约研究 [J]. 中国历史博物馆馆刊, 1985 (3): 52-66.

[21] 彭久松. 以四川自贡盐业合资经营为代表的中国契约股份制之框架式研究 [J]. 四川师范大学学报, 1993 (4): 11-25.

[22] 吴天颖. 富荣盐场年限井: 子孙井嬗替考 [J]. 中国经济史研

究，2017（5）：87-109.

　　［23］李俊甲. 川盐济楚和清末江苏北部的区域经济：以白银流通为中心［J］. 四川理工学院学报（社会科学版），2013（1）：1-11.

　　［24］中国人民政治协商会议自贡市贡井区委员会. 盐都发端·贡井：自贡市贡井区盐业历史文化资料汇编［M］. 北京：大众文艺出版社，2009.

　　［25］陈本清. 渝沙债团与王三畏堂债务始末［M］//自贡市政协文史资料委员会. 自贡文史资料选辑：第22辑. 自贡：［出版者不详］，1992.

　　［26］陈凯崇，等. 辛亥革命至解放前夕自贡地方驻军情况［M］//自贡市政协文史资料委员会. 自贡文史资料选辑：第1~5辑. 自贡：［出版者不洋］，1982.

　　［27］陈然. 近代自贡盐业工人状况及其斗争［M］//彭久松，陈然，自贡市盐业历史博物馆. 自贡井盐史论丛. 成都：四川省社会科学院出版社，1985.

　　［28］陈然. 自流井的崛起及其发展［J］. 盐业史研究，1987（1）：137-146.

　　［29］陈文安. 川盐济楚始末［J］. 井盐史通讯，1981（8）：44-48.

　　［30］徐文. 自贡盐业契约研究［D］. 重庆：西南政法大学，2014.

　　［31］苏全友，王冰冰. 论清末的官运局［J］. 河南科技大学学报，2014（4）：23-27.

　　［32］崔雨脂，颜绍渊. 贡井盐商余述怀［M］//自贡市政协文史资料委员会. 自贡文史资料选辑：第14辑. 自贡：［出版者不洋］，1984.

　　［33］邓拓. 论中国历史的几个问题［M］. 北京：生活·读书·新知三联书店，1979.

　　［34］鄢华阳. 四川与清朝的移民政策［J］. 清史问题，1980，4（4）：35-54.

　　［35］鲁子健. 试论丁宝桢的盐政改革［J］. 盐业史研究，2000（2）：20-27.

　　［36］黎翠梅. 土地资本化与农村土地制度的创新［J］. 财经论丛，

2007（1）：43-47.

[37] 董裕平. 金融：契约、结构与发展 [M]. 北京：中国金融出版社，2003.

[38] 高明安. 五通桥盐场的封建陋规 [M] //政协乐山市五通桥区文史资料研究委员会. 五通桥文史资料：第3辑（油印本）. 乐山：[出版者不详]，1965.

[39] 程郁，张云华，王宾. 农村土地产权抵质押：理论争论、现实困境和改革路径 [J]. 金融监管研究，2014（10）：10-27.

[40] 杨斌，朱未名，赵海英. 供应商主导型的供应链金融模式 [J]. 金融研究，2016（12）：175-190.

[41] 杨颖，王欢，何镇宇. P2P模式下金融风险管理与研究 [J]. 经济研究导刊，2018（25）：81-93.

[42] 谢平，邹传伟. 互联网金融模式研究 [J]. 金融研究，2012（12）：11-22.

[43] 胡少权，罗筱元. 清季自贡地方五书院 [M] //自贡市政协文史资料委员会. 自贡文史资料选辑：第14辑. 自贡：[出版者不详]，1984.

[44] 胡少权. 自贡盐场济公皮局始末 [M] //自贡市政协文史资料委员会. 自贡文史资料选辑：第23辑. 自贡：[出版者不详]，1993.

[45] 胡少权. 贡井胡元和的兴起与衰落 [M] //自贡市政协文史资料委员会. 自贡文史资料选辑：第12辑. 自贡：[出版者不详]，1981.

[46] 黄纯武. 清末以来自贡盐场竹业 [M] //中国人民政治协商会议四川省委员会，四川省编委会. 四川文史资料选辑：第9辑. 成都：四川人民出版社，1963.

[47] 黄健. 自贡盐场帮会浅析 [M] //彭泽益，王仁远，自贡盐业出版编辑室. 自贡盐业史国际学术讨论会论文集. 成都：四川人民出版社，1991.

[48] 黄植青，聂无放. 自贡盐场发展片段 [M] //自贡市政协文史资料委员会. 自贡文史资料选辑：第6~10辑. 自贡：[出版者不详]，1982.

［49］吉润卿. 贡井盐场发展一瞥［M］//中国人民政治协商会议四川省委员会，四川省编委会. 四川文史资料选辑：第 11 辑. 成都：四川人民出版社，1964.

［50］姜相臣，罗筱元. 自贡盐场的牛［M］//自贡市政协文史资料委员会. 自贡文史资料选辑：第 12 辑. 自贡：［出版者不洋］，1981.

［51］赖明钦. 盐岩井发展概括［M］//自贡市政协文史资料委员会. 自贡文史资料选辑：第 6~10 辑. 自贡：［出版者不详］，1982.

［52］李筠庭. 清末以来的汲滷篾索制造业［M］//中国人民政治协商会议四川省委员会，四川省志编委会. 四川文史资料选辑：第 15 辑，成都：四川人民出版社，1964.

［53］李凌霄，等. 南溪县志［M］. 南京：江苏古籍出版社，1937.

［54］李榕. 自流井记［M］. 成都：成都文伦书局，1914.

［55］王雪梅. 试探清末民国四川自贡盐业契约中的债务清偿习惯［J］. 四川师范大学学报，2010（11）：126-132.

［56］李子琳. 自流井李四友堂由发轫到衰亡［M］//中国人民政治协商会议四川省委员会，四川省志编委会. 四川文史资料选辑：第 4 辑. 成都：四川人民出版社，1985.

［57］林地焕. 四川盐政的改革（1895—1920）［D］. 台北：台湾大学，1983.

［58］林建宇. 盐业资产阶级与自贡地方议事会：馆藏民初历史档案浅析［M］//彭泽益，王仁远，自贡盐业出版编辑室. 自贡盐业史国际学术讨论会论文集. 成都：四川人民出版社，1991.

［59］林元雄，宋良曦，钟长永. 中国井盐科技史［M］. 成都：四川科学技术出版社，1987.

［60］林泽渊. 我所知道的自贡井、灶大关［M］//自贡市政协文史资料委员会. 自贡文史资料选辑：第 20 辑. 自贡：［出版者不详］，1990.

［61］林振翰. 川盐纪要［M］. 上海：商务印书馆，1919.

［62］凌耀伦. 清代自贡井盐业资本主要发展道路初探［J］. 四川大学

学报（哲学社会科学版），1982（1）：78-92.

[63] 刘镇国. 新兴制盐厂 [M] //自贡市政协文史资料委员会. 自贡文史资料选辑：第1~5辑. 自贡：[出版者不详]，1982.

[64] 鲁子健. 川盐济楚与四川盐业的发展 [J]. 社会科学研究，1984（2）：75-82.

[65] 鲁子健. 清代四川的盐榷与盐枭 [J]. 盐业史研究，1987（1）：56-64.

[66] 罗成基. 陕商在自贡盐厂的起落 [M] //彭泽益，王仁远，自贡盐业出版编辑室. 自贡盐业史国际学术讨论会论文集. 成都：四川人民出版社，1991.

[67] 罗从修. 贡井盐场的井、灶大关 [M] //自贡市政协文史资料委员会. 自贡文史资料选辑：第20辑. 自贡：[出版者不详]，1990.

[68] 罗筱元. 张筱坡对自贡盐场的影响 [M] //自贡市政协文史资料委员会. 自贡文史资料选辑：第12辑. 自贡：[出版者不详]，1981.

[69] 罗筱元. 自流井王三畏堂兴亡纪要 [M] //中国人民政治协商会议四川省委员会，四川省志编委会. 四川文史资料选辑：第7~8辑. 成都：四川人民出版社，1963.

[70] 马宗瑶，聂成勋. 自流井大坟堡岩盐体开发状态及开采历史解析 [J]. 盐井史通讯，1983（1）：36-41.

[71] 黄姗雅. 农村土地资本化与农民土地权益保障机制问题研究：以湖北省为例 [D]. 武汉：湖北省社会科学院，2016.

[72] 聂无放. 清末以来自贡盐场的金融业 [M] //自贡市政协文史资料委员会. 自贡文史资料选辑：第21辑. 自贡：[出版者不详]，1991.

[73] 彭久松，陈然，自贡市盐业历史博物馆. 四川井盐史论丛 [M]. 成都：四川省社会科学出版社，1985.

[74] 彭泽益. 清代四川井盐工场手工业的兴起和发展 [J]. 中国经济史研究，1986（3）：27-45.

[75] 彭泽益，王仁远. 自贡盐业史国际学术研讨会论文集 [M]. 成

都：四川人民出版社，1991.

[76] 樵甫. 自流井 [M]. 成都：聚昌公司，1916.

[77] 冉光荣，张学君. 明清四川井盐史稿 [M]. 成都：四川人民出版社，1984.

[78] 冉光荣，张学君. 四川井盐业资本主义萌芽的探讨：关于清代富荣盐场井盐企业的初步分析 [J]. 四川大学学报丛刊，1980 (5)：23-25.

[79] 冉光荣，张学君. 四川井盐业资本主义萌芽问题研究 [M] //南京大学历史系，明清研究室. 明清资本主义萌芽研究论文集. 上海：上海人民出版社，1981.

[80] 四川省自贡市自流井区志编纂委员会. 自流井区志 [M]. 成都：巴蜀书社，1993.

[81] 宋良曦. 试论清代四川盐商的发轫 [J]. 井盐史通讯，1984 (1)：30-38.

[82] 自贡市政协文史办. 自贡盐业资本家侯策名 [M] //自贡市政协文史资料委员会. 自贡文史资料选辑：第19辑. 自贡：[出版者不详]，1989.

[83] 唐仁粤，郭正忠，丁长清，等. 中国盐业史 [M]. 北京：人民出版社，1997.

[84] 田茂德. 票号在自贡的一些活动 [M] //中国人民政治协商会议四川省委员会，四川省志编委会. 四川文史资料选辑：第32辑. 成都：四川人民出版社，1984.

[85] 王仁，陈然，曾凡英. 自贡城市史 [M]. 北京：社会科学文献出版社，1995.

[86] 王柔德. 解放前自贡盐商的封建性 [J]. 井盐史通讯，1983 (10)：21-27.

[87] 王柔德，钟朗华. 罗筱元四十年的盐业经营及其晚年事略 [M] //自贡市政协文史资料委员会. 自贡文史资料选辑：第15辑. 自贡：[出版者不详]，1985.

[88] 吴铎. 川盐官运之始末 [M] //佚名. 中国近代社会经济史论集. 香港：崇文书店，1971.

[89] 严如熤. 论川盐 [M] //贺长龄. 皇朝经世文编（道光六年版）. 台北：国风出版社，2008.

[90] 杨筱舫. 自贡盐井的发现 [M] //自贡市政协文史资料委员会. 自贡文史资料选辑：第1~5辑. 自贡：[出版者不详]，1982.

[91] 曾康林，谢应辉. 资金论 [M]. 北京：中国金融出版社，1990.

[92] 中共中央马克思恩格斯列宁斯大林著作编译局. 马克思恩格斯全集 [M]. 北京：人民出版社，2006.

[93]《自贡市金融志》编纂委员会. 自贡市金融志：自贡市地方志丛书之十八 [M]. 成都：四川人民出版社，1994.

[94] 田永利. 我国农村土地使用权资本化的经济学分析 [D]. 太原：山西财经大学，2011.

[95] 陈然. 从档案看自贡盐业契约股份经营特色 [J]. 历史档案，1998（5）：84-90.

[96] 陈然. 清末民初自贡盐业资产阶级的发展壮大及其对社会的影响 [J]. 中国社会经济史研究，1998（2）：46-56.

[97] 何兰萍. 交易成本经济学视角下的自贡盐业合伙 [J]. 盐业史研究，2008（2）：44-48

[98] 张小军，王思琦. 咸与权：历史上自贡盐业的"市场"分析 [J]. 清华大学学报（哲学社科科学版），2009（2）：48-59.

[99] 赵国壮. 抗战时期自贡井盐业场商融资问题研究 [J]. 盐业史研究，2015（3）：19-33.

[100] 吴斌，支果，曾凡英. 盐业契约承首人制度研究 [J]. 四川理工学院学报，2007（1）：1-5.

[101] 徐文. 启示与警示：自贡盐井合伙作节制度论 [J]. 兰台世界，2016（2）：146-149.

[102] 陈丽. 自贡盐业契约"出山约"与"出丢上中下节约"研究

[J]. 四川理工学院学报, 2009 (1): 24-27.

[103] 董永志. 明清以来四川盐井"卓筒井"的开凿方法与器具 [J]. 机械技术史, 2008 (2): 337-343.

[104] 陈慧. 农村土地整治项目 BOT-TOT-PPP 集成融资模式研究 [D]. 南京: 南京农业大学, 2016.

[105] 佚名. 自流井之金融与金融业 [J]. 四川经济月刊, 1935, 3 (6): 67-75.

[106] 吴斌, 支果, 曾凡英. 中国盐业契约论: 以近现代盐业契约为中心 [M]. 成都: 西南交通大学出版社, 2007.

[107] 吴斌, 曾凡英, 祝启. 盐业契约承首人制度研究 [J]. 四川理工学院学报, 2007 (2): 1-5.

[108] 米什金. 货币金融学 (原书第 2 版) [M]. 蒋先玲, 等译. 北京: 机械工业出版社, 2011.

[109] 李昊. 浅析金融市场及金融中介机构在经济体中的作用 [J]. 经济研究导刊, 2018 (11): 148-149.

[110] 自贡市档案馆. 自贡盐业历史档案 [M]. 南京: 凤凰出版社, 2017.

[111] 中共中央马克思恩格斯列宁斯大林著作编译局. 马克思恩格斯全集 [M]. 北京: 人民出版社, 2006.

[112] 马克思. 资本论 (节选本) [M]. 北京: 中共中央党校出版社, 1983.

后　记

　　拙作是我的第一本专著，在此之前我几乎没有写后记的经验。下面的文字或许不能算作一篇后记，更与学术研究无甚关系，只是我心中一些感慨罢了。从我决定研究自贡盐业金融开始，到现在这部拙作终于临近出版，大约过了六年时间。当我在思考后记到底应该写什么的时候，我也不由自主地回顾起这六年时光，记忆中的点点滴滴就像秋雨滴落池塘时荡起的涟漪，一圈一圈，淡淡泛开，有些熟悉，有些萧索，无论大圈还是小圈，最后都不受控制、无法挽留地溶于水中。我不知道该不该说六年的时光如白驹过隙，因为人在回首时总会觉得时光格外短暂，而在这六年间又的的确确发生了太多的事，读书消得泼茶香，当时只道是寻常。后来，我终于理出些头绪：我想写的不是事，而是人。我能最终完成这本拙作，离不开身边许许多多人的帮助，被人牵引联系起来才有了"事"。我感谢所有支持过我的人，也感慨人与人之间际遇的玄妙。

　　我与自贡结缘，首先需要感谢山西财经大学的孔祥毅老师。六年前的秋天，我北上太原，想去请教孔老师一些关于山西票号的问题。到了太原，我才知道什么叫秋高气爽、天高云淡。成都多云，天空总是灰蒙蒙的，尤其到了秋冬，更是阴冷，若遇到绵绵小雨，一滴一滴，犹如浔阳江头的琵琶声，幽咽哀绝无处可诉，只能全往人骨子里钻。北方的秋天则不一样，虽然也冷却是一种干冷，冷得坦荡，全无藏着掖着的小心思。北方的天空高远而广阔，给人以遐思又不会让人觉得遥不可及。碧蓝如洗的空中缓缓地漂浮着两三缕白云，淡然又亲切。当然，最让我羡慕的还是北方的暖气，相信许多朋友都有同感。

孔老师就和秋日太原的晴空一样，他博学而温和，毫无架子。孔老师给我讲了很多票号以及票号以外的东西，他毫不介意和我这个初出茅庐的年轻人促膝长谈，从日升昌的兴起讲到晋商的信义与关羽崇拜，从川藏的茶马古道讲到孔祥熙的逸闻。末了，他问我："你为什么要研究山西票号？"我当时的想法很简单："研究金融史的人谁能不对山西票号感兴趣呢？"孔老师笑了，他说："我在山西所以研究山西票号。你是四川人，为什么不看一看自己的家乡呢？"我一时无言，为自己的无知而汗颜。孔老师继续说："你去看一看自贡吧，我也只是多年前偶然见过一些资料，但我相信那里的意义不亚于山西。"正是这一句话，把我引向了自贡盐业金融的研究。可惜，时光很残忍，当我终于完成我的研究时，孔老师已经驾鹤西去。太原秋日的天空依然晴朗明净，我却终是没有机会再请他看看我的文章，给我提提意见。

从山西返川后，我便开始着手搜寻有关自贡的资料。作为一个四川人，虽然我对自贡的恐龙和井盐这两大特色早有耳闻，但都了解不深。当我在文献中第一次看到自贡盐业的凿井契约时，我的心怦怦直跳，那是一种初入桃源的欣喜，难以言表。我忽然想起了上学时教档案学的老师。对于不重视档案保管的现象，他在每堂课上都会愤愤不平，导致一学期下来我印象最深的竟是一句"We need archive law"（我们需要档案法）。那时候我虽赞同他讲的每一个道理，但始终无法与之共情。现在想来，我差的应该是一个契机，一个"一见钟情"的契机，就像无论在书中读了多少遍"西岳峥嵘何壮哉"，不亲自去一趟华山都无法体会那种震撼人心的雄奇险峻。在接触到了自贡盐业档案之后，我才终于理解了老师当年的心情。正是这些珍贵的档案，给了我们一个穿越时空、触碰历史的机会。我觉得或许学习也得讲究机缘，时机不对便参悟不透。但如此一想，什么又叫时机呢？说机缘不如说是所学之物、所经历之事偶然又必然地融会贯通。我又想到了当年学校山上的名景"天人合一"，如果单看不过浅浅一汪水，无甚特别，但设计者匠心独运，加了几级台阶，利用地形的高差营造出水面与远处海面平齐的视觉效果。一眼望去，天水一色，人与自然合而为一。再回想，迄今为止，我之所学与所经历，亦如同一汪浅水，前路浩瀚如海，相信总有一天我这一点点的积累可以与海相连，呈现出未可知的色彩。所学之中有诸多不甚明了者，所经历之中也并非全然都是愉快之事，但我依然抱有这样的期待，至少现在对自贡盐业金融的研究，可以算作一个良好的开端，也给予了我前行的信心。

在查阅了许多文献资料以后，我终于起程前往自贡，迫不及待想亲眼看一看这个已在我脑海中描摹了千万次的盐都。在自贡，我受到了中国盐文化中心老师们的热情接待，我由衷地感谢他们。中国盐文化研究中心给我提供了丰富的资料，包括各类专著、期刊、论文集、古籍、方志、会议文献等。时任中国盐文化研究中心主任的曾凡英老师还给我讲述了许多自贡当地的风俗习惯与民间故事，这些给我的研究提供了莫大的帮助。

实地考察总给人以"纸上得来终觉浅"的感慨，自贡这座城市，从地名、建筑到工业、饮食，无一不与盐息息相关。开凿于道光十五年（1835年）的燊海井，时至今日依旧在出卤煮盐，灶房里八口一人宽的敞口圆锅咕噜沸腾，锅底火气烧得旺盛，锅上云雾缭绕，咸湿的味道从锅中弥漫到整个房间。今天，我们依旧可以在燊海井买到和百年前一样颗粒均匀饱满、色泽洁白如雪的食盐，这是沉淀在味蕾中的记忆与传承。文献中的燊海井因作为世界上第一口人工打造的超千米深井而久负盛名，但当我真正站在燊海井井口前时，最受震撼的却是头顶如利剑般直指苍穹的天车。我仿佛还能看见碓板上赤裸着上身的盐工汉子们，在烈日的暴晒下倾力跳踩，铁锉随着他们脚底的节奏不断向下叩问，终以水滴石穿般坚韧洞穿了千米的岩层。日复一日，晶莹的汗珠挥洒在脚下的热土，与上涌的咸泉拥有着同样的味道。自贡盐业的辉煌，是技术的力量，是金融的力量，更是人的力量。

唯一的遗憾是当年遍布自贡全城的天车竹笕如今只剩得零零星星。幸好还有一批珍贵的老照片留存于世，让我们还有机会透过那一幅幅黑白影像去感叹当年的盐都盛景。老照片中，大大小小的天车如山峰般高矮密聚，竹笕管道绵延不绝，一眼望去宛如过山车。一泉流白玉，万里走黄金，想来那未知岩层下的高风险高收益带给人的心跳加速只会更胜今日过山车带给人的感受。自贡从古至今都是一座遍地宝藏的乐园。

结束自贡之行后，我怀揣着尚未平复的激动心情，开始着手我的写作。在此期间，又有许多师长给予了我各种各样的帮助与关怀，恕我无法在此一一致谢。在那间没有空调的办公室里，四季也显得格外分明。我的研究思路也好像不断轮转的四季：有时如处盛夏燥热难耐，脑中若蝉鸣嗡嗡一片，下笔杂乱无章，不知如何条分缕析；有时又灵光乍现，如沐春风，柳暗花明，豁然开朗。现在回首，这些时日就仿佛一条在奔向海洋的河流，曾在曲折险阻的山峡中迂回，也曾在一马平川的平原上奔腾，最终成为浩浩沧海中不可辨亦不可分的一部分。

在后记的最后，我想感谢我的父母，没有他们的支持，我不可能出版这本拙作。我的父亲是一个极其执着坚毅的人，凡他认定的目标，无一事可以阻碍，无论山高水险，他都一定会倾力达成。学金融出身的他，对我的研究十分重视。我的抽屉里现在还保留着父亲亲手写给我的修改意见，洋洋洒洒，一页一页。父亲的字如孤山巉岩，一笔一画，刀凿斧刻、斜笋刚峻，落笔气势之凌厉，风雨不催，草木难近。他的字和我的字是两种截然不同的风格。一转眼，父亲已经不太提笔写字了，而我看着抽屉里的稿纸更是百感交集，我希望最终印刷出的这本拙作可以令他感到欣慰。

这大抵是一篇不像后记的后记，在这六年的研究过程中，我确实有太多想要回忆和感谢的人。我现在的脑海中，也依然不断地浮现出一幕幕往事。在我敲出这段后记的时候，又恰逢成都阴冷的冬天，我望向窗外，期待着一个温暖的春天。

况昕

2022 年 11 月